Georges Simenon

Der Spürsinn des kleinen Doktors

Vier Kriminalfälle

Aus dem Französischen von Hansjürgen Wille, Barbara Klau und Julia Becker

Mit einem Nachwort von Daniel Kampa

Kampa

Die vorliegenden Erzählungen erschienen im französischen Original unter den Titeln *Le flair du petit docteur, La demoiselle en bleu pâle, Une femme a crié* und *Le fantôme de M. Marbe* erstmals 1943 in *Le flair du petit docteur* im Verlag Gallimard, Paris.
Eine Auswahl der insgesamt 13 Erzählungen um den kleinen Doktor erschien auf Deutsch erstmals 1971 im Diogenes Verlag, Zürich.
Die erste vollständige deutschsprachige Ausgabe erschien 1977 im Verlag Kiepenheuer & Witsch, Köln.
Die Übersetzung wurde für die vorliegende Ausgabe von Julia Becker grundlegend überarbeitet.

Mehr Informationen über die Simenon-Gesamtausgabe:
www.kampaverlag.ch/simenon

Für den Bick hinter die Verlagskulissen:
www.kampaverlag.ch/newsletter

www.kampaverlag.ch
Covergestaltung und Satz: Herr K | Jan Kermes, Leipzig
Covermotiv: TM. & © MOURON. CASSANDRE.
Lic 2019-26-09-01 www.cassandre.fr
Gesetzt aus der Stempel Garamond LT
Druck und Bindung: CPI books GmbH, Leck
Auch als E-Book erhältlich und als Hörbuch bei DAV
ISBN 978 3 311 12504 4

Inhalt

Der Spürsinn des kleinen Doktors 7

Das Mädchen in Hellblau 65

Eine Frau rief um Hilfe 125

Das Gespenst von Monsieur Marbe 183

Der Spürsinn
des kleinen Doktors

I

Die Konsultation ohne Patient

»Hallo! Ist der Doktor selber am Apparat? … Hallo! Trennen Sie nicht …«

Die Stimme am anderen Ende der Leitung klang verängstigt. Der kleine Doktor dagegen, wie alle ihn nannten, kam gerade von der Visite zurück und schnupperte den köstlichen Duft eines Hammelragouts, das in der Küche brutzelte. Draußen war es brütend heiß. Drinnen hatte man die Jalousien heruntergelassen, und die Kühle war erquickend wie ein Bad.

»Hören Sie, Doktor … Ich rufe aus der Maison-Basse an. Sie müssen sofort kommen.«

»Die junge Frau?«, fragte der kleine Doktor.

»Kommen Sie schnell. Ich kann mich doch auf Sie verlassen, nicht wahr? Sie müssen sofort kommen.«

»Muss ich …«

Er wollte fragen, ob er seine Tasche oder spezielle Medikamente mitbringen solle, aber man hatte schon eingehängt. In diesem Augenblick fiel sein Blick auf die Uhr im Esszimmer; es war nur ein vager Blick, wie bei den meisten Menschen, wenn sie gerade telefonieren.

Nun ja … Er steckte sich eine Zigarette an und sagte durch die halb offen stehende Küchentür, er werde erst in einer guten halben Stunde zurück sein. Sein Zweisitzer stand draußen in der prallen Sonne, und die Polster glühten.

Als er dann aus dem Dorf heraus und auf der schattenlosen Straße, zu deren beiden Seiten sich Gräben entlangzogen, Richtung Moor fuhr, runzelte der kleine Doktor die Stirn und wäre fast, so sehr war er in Gedanken versunken, mit einem Heuwagen zusammengestoßen.

Er ahnte nicht, dass er einen besonders bedeutsamen Augenblick erlebte, noch dass das, was ihm durch den Kopf ging, ernste Folgen haben würde, und erst recht nicht, dass diese Ereignisse eine neue Leidenschaft in ihm wecken würden und er eines Tages auf einem ganz anderen Gebiet als dem der Medizin berühmt werden sollte.

»Das ist unmöglich … Die Uhr war nicht stehengeblieben.«

Er sah das graugrüne Zifferblatt im Esszimmer vor sich, die weit auseinanderstehenden Zeiger, es war fünf Minuten vor halb eins. Auf seiner Armbanduhr war es halb eins.

Aber die Maison-Basse, hinten im Moor, unweit der Küste, war mit dem Telefonnetz von Esnandes verbunden, dem Dorf, das der Arzt bald erreichen würde, und das Postamt in Esnandes war, worüber in der Gegend reichlich geklagt wurde, von zwölf bis zwei Uhr geschlossen.

Fast wäre er wieder umgekehrt, dieser Anruf war sicherlich ein übler Scherz. Aber die Straße war nicht mehr breit genug zum Wenden, und so zuckte er mit den Schultern, fuhr durch Esnandes und bog dann links in einen holprigen Weg ein.

Wie war noch gleich der Name des Mannes gewesen? Drouin. Jean oder Jules Drouin. Es musste jetzt etwas über sechs Monate her sein, dass er die Maison-Basse gemietet hatte. Ein Haus, das seit Jahren leer stand, weil es zu weit weg vom Dorf war, mitten im Moor, und das man im Winter nur über Stege verlassen konnte. Ein langes, niedriges, einstöckiges weiß gekalktes Haus mit einem roten Ziegeldach wie alle Dächer im Département Charente.

Am Ende des Winters hatten die Fensterläden offen gestanden. Dann war man einem Paar begegnet, das in dieser Gegend sofort auffallen musste: ein großer, schlaksiger junger Mann, den man immer in grauer Flanellhose, Sandalen und einem gelben Pullover mit kurzen Ärmeln sah, und einc junge, sehr hübsche Frau, die im Garten Sonnenbäder nahm.

»Künstler!«, sagten die Leute.

Die beiden arbeiteten nicht. Sie hatten kein Dienstmädchen. Der Mann machte die Besorgungen beim Dorfkrämer. Nie trug er einen Hut auf dem kastanienfarbenen Haar, dafür hatte er einen kurzen, struppigen Bart.

Eines Abends, es war schon drei oder vier Monate her, hatte der Doktor ihn zu seinem Erstaunen in seinem Wartezimmer sitzen sehen. Der Unbekannte hatte sich vorgestellt.

»Drouin … Ich bin der neue Mieter der Maison-Basse. Ach, ich bin kein sehr interessanter Patient, und meine Freundin ist es noch viel weniger. Ich leide nur an Schlaflosigkeit. Ich möchte, dass Sie mir ein wirksames, aber möglichst harmloses Mittel geben.«

Der Arzt hatte ihm Tabletten verschreiben wollen.

»Ich hätte lieber etwas, das man in Wasser auflöst. Ich habe einen ziemlich empfindlichen Hals, und das Schlucken von Tabletten fällt mir schwer.«

Er war sympathisch, dem Doktor zumindest. Hatte etwas Anziehendes. Vor allem war da sein Lächeln, ein mattes, trauriges Lächeln wie das mancher Tuberkulosekranker, die wissen, dass sie nicht zu retten sind.

»Ich danke Ihnen, Doktor. Was bin ich Ihnen schuldig?«

»Das regeln wir bei einer anderen Gelegenheit.«

»Ich fürchte, es wird nicht viele Gelegenheiten geben.«

Der Arzt war dreißig Jahre alt. Er praktizierte erst seit zwei Jahren in der Gegend, und weil er so klein, freundlich und ein bisschen naiv war, vielleicht aber auch seines winzigen Autos wegen, das den ganzen Tag durch die Straßen ratterte, nannte man ihn liebevoll den kleinen Doktor.

Wie oft hatte er die Frau gesehen? Ein paarmal vielleicht, als er an der Maison-Basse auf dem Weg zum Hof von Renard vorbeigefahren war. Sie war gewiss sehr heiter und frei von Vorurteilen. Alles in allem hatte man den Eindruck, da erlebte ein sich leidenschaftlich liebendes Paar in völliger Abgeschiedenheit seine ›hohe Zeit‹.

Einmal allerdings ... Der kleine Doktor hatte eine Panne im Moor. Sie kam vorbei.

»Nun, schläft Ihr Freund jetzt besser? Hat das Medikament gewirkt?«, hatte er sie gefragt.

Sie wirkte überrascht.

»Was meinen Sie damit?«

»Nichts ... Ich wollte nur wissen, ob ...«

Das Auto stand am Rand des Grabens, über den ein wackliger Holzsteg führte. Von den weißen Wänden des Hauses hob sich das grelle Rot der Geranien ab und das dezentere, sanftere Blau der Hortensien.

Die Läden waren geöffnet, die Fenster aber geschlossen. Niemand kam heraus, um den Doktor zu empfangen. Er klopfte an die Glastür, an der eine rotkarierte Gardine hing.

Vielleicht hatte der kleine Doktor auch da wieder das dunkle Verlangen umzukehren, aber schon griff seine Hand mechanisch nach der Eisenklinke. Die Tür gab nach. Angenehme Kühle kam aus der dunklen Küche, die zugleich das Esszimmer war.

»Hallo? Ist da jemand?«, rief er.

Die Situation war ihm peinlich. Er hatte das Gefühl, indiskret zu sein.

»Hallo? Monsieur Drouin?«

Er glaubte, im Nebenzimmer habe sich jemand bewegt, aber es war nur eine graue Katze, die an seinen Beinen entlangstrich und hinauslief. Das zweite Zimmer war das recht originell eingerichtete Schlafzimmer. Einige der Möbel hatte Drouin gewiss selbst gezimmert.

Eine große Couch diente als Bett, und dieses Bett war ungemacht. Man sah noch, dass jemand darin gelegen hatte. Was das Telefon betraf …

Er nahm den Hörer ab, drehte zweimal, dreimal die Kurbel, aber niemand meldete sich, was klipp und klar bewies, dass der Anruf, der ihn um fünf vor halb eins erreicht hatte, nicht von hier gekommen war.

Bis dahin hatte sich der kleine Doktor, der eigentlich Jean Dollent hieß, ausschließlich mit Medizin befasst. Nicht in seinen kühnsten Träumen wäre ihm eingefallen, dass er sich mit etwas anderem befassen könnte. Für einen ungewöhnlich guten Beobachter hielt er sich nicht und erst recht nicht für sonderlich scharfsinnig.

Im Augenblick war er verlegen. Und außerdem – so lächerlich es klingen mag – hatte er Durst. Einen solchen Durst, dass …

Es war nicht sehr fein. Sei's drum. Da standen Regale mit Büchern, den neuesten Romanen, aber gleich neben der Couch, also bequem von dort zu erreichen, war eine Anrichte voller Aperitifflaschen. Er nahm eine heraus, den mildesten Aperitif, fand ein Glas und trank einen großen Schluck.

Es war die dritte Überraschung des Tages. Was war das für ein Geschmack? Es war absurd, niemand würde doch auf die Idee kommen …

Aber es gab keinen Zweifel. Er trank noch einen Schluck und wusste, hier bedurfte es keiner Analyse. Jemand hatte tatsächlich doppeltkohlensaures Natron in Wermut aufgelöst!

Was war in dem Glas gewesen, das auf dem Tisch neben der Couch stand? Er roch daran. Wermut!

Wie konnte jemand so verrückt sein, doppeltkohlensaures Natron, das harmloseste aller Medikamente, das nur bei leichten Magenschmerzen hilft, in einem Aperitif aufzulösen?

»Hallo! Es muss doch jemand hier sein!«, rief der kleine Doktor aufgebracht.

Nur die Katze im Garten beobachtete ihn durchs Fenster, und schließlich setzte sich Jean Dollent ganz selbstverständlich auf den Rand der Couch.

Erstens: Da man sich die Mühe gemacht hatte, ihn anzurufen, ihn gebeten hatte, sofort zu kommen, brauchte man ihn hier wohl dringend.

Aber es war niemand da, der seine Hilfe benötigte.

Zweitens: Um diese Zeit hatte man nur von La Rochelle aus telefonieren können, das zehn Kilometer entfernt lag. Drouin hatte kein Auto, nicht einmal ein Fahrrad, und der letzte Bus war um acht Uhr morgens durchs Dorf gekommen. War Drouin die zehn Kilometer gelaufen? Hatte seine Geliebte ihn begleitet?

Drittens: Nur eine Person hatte in dieser Nacht auf der Couch geschlafen, und zwar die junge Frau, denn auf dem Kopfkissen lag ein langes blondes Haar.

Viertens: Nirgends eine Spur, dass man gefrühstückt hatte. Es war schwer vorstellbar, dass sie beim Aufstehen Wermut mit doppeltkohlensaurem Natron getrunken hatte. Das wäre der Gipfel der Absurdität gewesen.

Der kleine Doktor merkte gar nicht, dass er im Begriff war, eine Untersuchung durchzuführen, und dass diese Untersuchung geradezu beängstigend einer polizeilichen ähnelte.

Warum hatte man ihn kommen lassen? Um wen zu behandeln?

Es sei denn ... Er runzelte die Stirn, denn dieser Gedanke veränderte alles ... War es vielleicht unbedingt nötig gewesen, dass irgendjemand in die Maison-Basse kam? ... Die Leute im Dorf hatten kein Telefon. Und mittags hätte man dort ohnehin nicht telefonieren können. Und was sollte man ihnen sagen? Warum sollten sie sich herbemühen? Während ein Arzt ... Er ist der Einzige, der immer kommt, wenn man ihn ruft. Der moralisch dazu verpflichtet ist ...

Aber warum?

Die Kühle war köstlich, es herrschte tiefer Friede. Das nächste Haus, der Hof von Renard, der wegen einer Wirbelentzündung bei Dollent in Behandlung war, lag mehr als sechshundert Meter entfernt. Nur die Fliegen brachten ein wenig Leben in die Stille.

Plötzlich ... Er stand auf, ging zu einer alten Kommode, unter der er etwas bemerkt hatte. Er bückte sich und zog ein Paar Sandalen hervor, an deren Sohlen feuchte Erde klebte.

Und das war erstaunlicher als alles andere, denn es hatte wochenlang nicht geregnet, und die Gräben waren schon seit einer Ewigkeit ausgetrocknet.

Wo hatte Drouin seine Sandalen so beschmutzen können? Nicht an der Küste, denn die Erde am Ufer zwischen den Kieselsteinen war fast weiß, extrem kalkig, und das hier war die gute braune Erde der Wiesen oder Felder.

Machte sich Dollent nicht lächerlich? War es nicht besser, nach Hause zurückzufahren, wo Anna, seine Haushälterin, ein köstlich duftendes Hammelragout gekocht hatte?

Der Wermut mit dem doppeltkohlensauren Natron hatte seinen Durst nicht gelöscht, und er nahm eine andere Flasche aus der Anrichte, ein Aperitif mit Anisgeschmack. Er kostete ihn. Keine Arznei, kein doppeltkohlensaures Natron. Er goss sich ein Glas voll und ging dann hinaus.

Das Haus bestand aus fünf oder sechs Zimmern, alle zu ebener Erde. Es war ein ehemaliges Bauernhaus, und die Drouins – konnte man sie so nennen? – hatten es nur spärlich möbliert, es mit bunten Stoffen, Möbeln aus unbehandeltem Holz, Regalen wohnlich gemacht; das Ganze erinnerte an die Ateliers in Montparnasse. An einem Nagel hing sogar eine recht hübsche Hawaiigitarre, die wohl auch gespielt wurde, denn es fehlte keine Saite, und sie war gestimmt.

Wo hatte Drouin nur …

Und da ging der kleine Doktor, statt wieder in seinen Wagen zu steigen, um das Haus herum, gefolgt von der Katze, die hin und wieder einen Buckel machte und sich an seinen Beinen rieb. In dem Stück Garten hinter dem Haus war die Erde genauso trocken wie überall hier. Er beugte sich über den Brunnen: kaum fünfzig Zentimeter klares Wasser, durch das man die Kiesel hindurchschimmern sah.

Das Dorf schien sehr fern und die Landschaft unendlich weit. Kühe lagen auf den sumpfigen Wiesen und dösten vor sich hin.

Dabei fiel ihm etwas ein … Aber welcher Zusammenhang bestand zwischen dem Schlafmittel, das er Drouin verschrieben hatte, und …

Eine niedrige, vertrocknete Hecke. Er wäre beinahe weitergegangen. Dann bückte er sich doch. Die Erde auf einer kleinen Fläche jenseits der Hecke sah anders aus, nämlich so, als wäre sie umgegraben worden. Er stieg über die Hecke, hob einen losen Erdklumpen auf, fand darunter lockere feuchte Erde, genau wie die, die an den Sandalen im Haus klebte.

Aber was ging ihn das an? Wenn ihm etwas verdächtig erschien, brauchte er es nur auf dem Bürgermeisteramt in Esnandes zu melden, wo man die Gendarmerie benachrichtigen würde. Er war Arzt und weiter nichts.

Aber warum, zum Teufel, hatte man ihn kommen lassen? Um was zu entdecken?

Er war sicher, Drouins Stimme am Telefon erkannt zu haben. Wenn Drouin ihn also um fünf Minuten vor halb eins angerufen hatte …

Er sah auf seine Uhr. Es war schon eins, und Anna wurde gewiss bereits ungeduldig. Trotzdem ging er zurück zum Haus, öffnete ein paar Türen, entdeckte schließlich einen Werkzeugschuppen und ergriff dort einen Spaten.

Er dachte an das Haar auf dem Kopfkissen, an die junge Frau, die nie ausging und eine Atmosphäre überschwänglicher Leidenschaft um sich verbreitete.

Er zog seine Jacke aus. Die Erde war locker, er schippte ein paar Schaufeln heraus, dann …

Er hatte während seines Medizinstudiums viele Leichen seziert. Trotzdem, als er jetzt plötzlich diesen Finger aus der Erde auftauchen sah …

Er war bestürzt: Es war der Finger eines Mannes. Er grub weiter, grub die ganze Hand aus, eine ungepflegte Pranke.

Drouin? Nein, das war nicht möglich, denn er hatte telefoniert. Und wenn nun jemand seine Stimme imitiert hatte?

Aber jemand wie Drouin, der eine natürliche Vornehmheit besaß, was dem kleinen Doktor sofort aufgefallen war, hatte nicht solche Hände …

Nun, es half nichts, mit einem Fußtritt verjagte er die Katze, die laut miaute, dann grub er weiter und entdeckte schließlich ein von Erde und Blut verschmiertes Gesicht.

Wenn man ihn später fragte, was er dabei empfunden habe, würde er antworten:

»Überhaupt nichts, oder vielmehr, ich war wie vor den Kopf geschlagen …«

Und wirklich, er war wie vor den Kopf geschlagen, als er dort stand, allein zwischen Himmel und Erde, allein in einer unendlichen Weite, vor einem Loch, aus dem er nach und nach eine männliche Leiche ausgrub.

Am meisten erstaunte ihn, dass er diesen Menschen nicht kannte, ihn bestimmt niemand in der Gegend kannte.

Später, in seiner großen Zeit, würde er sagen:

»Er hatte eine widerliche Visage!«

Und das stimmte. Ein dickes, aufgedunsenes Gesicht, der Mund durch eine Hasenscharte entstellt.

Die Hitze … Aber ja! Es war die Hitze, nicht der Ekel. Er ging ins Haus zurück und goss sich einen zweiten und dann einen dritten Pernod ein.

»Warum, zum Teufel, hat man mich angerufen?«

Diese Frage ließ ihm keine Ruhe. Er hätte nie geglaubt, dass er so logisch zu denken vermochte. Wollte man, dass er die Leiche fand? Aber weshalb? Wenn Drouin der Mörder war, welches Interesse hatte er daran, dass die Leiche seines Opfers so schnell entdeckt wurde? Wenn er nicht der Mörder war, wusste er dann, dass eine Leiche in seinem Garten war?

Und welche Rolle spielte dabei die junge Frau, deren Namen der kleine Doktor nicht kannte? Wo war sie? Bei ihrem Geliebten?

Wenn sie aus irgendeinem Grund einen Mord begangen hatten, warum hatten sie sich dann nicht einfach aus dem Staub gemacht?

Es wären sicher Tage, vielleicht sogar Wochen vergangen, ehe sich die Bewohner von Esnandes über ihr Verschwinden gewundert hätten. Bis dahin wäre das Gras wieder gewachsen, und höchstwahrscheinlich hätte man die Leiche nie entdeckt.

Also … Also, es gab einen Grund, und dem kleinen Doktor wurde plötzlich klar, dass er keine Ruhe finden würde, bis er diesen Grund kannte.

Er konnte nicht die ganze Leiche exhumieren. Dazu war er nicht befugt. Er bedeckte den Kopf und die Hand mit einem vom Küchenfenster heruntergerissenen Vorhang. Dann setzte er sein Auto in Gang, das die ganze Fahrt brummte wie eine dicke, wütende Fliege.

Er traf den Bürgermeister beim Mittagessen auf dem Bauernhof, den dieser bewirtschaftete und der am anderen Ende von Esnandes lag, Richtung Marsilly. Der kleine Doktor nahm eine gegrillte Sardine aus der Schüssel und aß sie, ohne an das zu denken, was seine Hände vorher berührt hatten.

»Im Garten der Maison-Basse liegt eine Leiche …«

»Was für eine Leiche?«

»Eine Männerleiche. Man hat sie dort begraben. Man sollte wohl besser die Gendarmerie benachrichtigen, vielleicht sogar die Kriminalpolizei.«

Noch eine Sardine. Die Aufregung hatte ihm Appetit gemacht.

»Es geht mich zwar nichts an, aber wenn ich Ihnen einen Rat geben darf, dann begleiten Sie mich zu mir nach Hause. Von da aus können Sie mit La Rochelle telefonieren … Inzwischen sollten Sie den Gendarm in die Maison-Basse schicken, damit er niemanden hereinlässt.«

Der arme Gendarm, der bestimmt schon betrunken war!

»Wollen Sie nicht einen Happen mit uns essen?«

»Danke, aber …«

Während der Bürgermeister sich anzog, aß der kleine Doktor trotzdem heimlich ein halbes Dutzend Sardinen und gönnte sich zwei Glas Weißwein.

»Glauben Sie, es handelt sich um einen Mord?«

»Nun, wenn man jemanden hinten in einem Garten verscharrt, ohne die Behörden, den Pfarrer oder ein Bestattungsinstitut zu benachrichtigen …«

»Gehen wir!«

Erst die Gendarmerie. Dann die Kriminalpolizei. Das dauerte seine Zeit. Anna war wütend. Das Ragout war schließlich doch noch angebrannt.

»Man wird uns hier abholen«, sagte der Bürgermeister. »Ich habe die Staatsanwaltschaft benachrichtigen lassen. Ich hatte schon geahnt, dass diese Fremden mir Ärger bescheren würden ...«

Für ihn traf die Bezeichnung ›Fremde‹ auf jeden zu, der nicht im Dorf geboren war.

»Erlauben Sie? Ich habe selber noch ein paar Telefonate zu führen ...«

Zunächst rief Dollent das Postamt in La Rochelle an. Zehn Minuten später antwortete man ihm, der Anruf um fünf vor halb eins sei aus dem Café des Navigateurs am Hafen, dreihundert Meter vom Bahnhof entfernt, gekommen. Der nächste Zug fuhr erst um drei Uhr acht ab.

»Und die Busse?«

»Da müssen Sie sich an die Firma Brivin wenden.«

Gespräch Nummer zwei. Bei Brivin hieß es:

»Um zwölf Uhr vierzig fährt ein Autobus nach Surgères und um dreizehn Uhr zehn einer nach Rochefort.«

Bei Brivin erfuhr er auch, dass in den am Morgen um acht in Esnandes abgefahrenen Bus niemand eingestiegen war, auf den die von Dollent gegebene Personenbeschreibung zutraf. Auch keine Frau.

Blieben die Taxis. Drouin hätte eins aus La Rochelle kommen lassen können, aber das wäre in Esnandes nicht unbemerkt geblieben.

Also war Drouin – und wohl auch seine Begleiterin – am Vormittag die zehn Kilometer von der Maison-Basse nach La Rochelle zu Fuß gegangen.

Um fünf vor halb eins hatte Drouin bei dem Arzt angerufen und ihn gebeten, in die Maison-Basse zu kommen.

Zu ihm nach Hause, wo eine Leiche war …

Der Bürgermeister von Esnandes wartete, während der kleine Doktor im Zimmer auf und ab ging und plötzlich erklärte:

»Irgendwas stimmt da nicht.«

»Wie meinen Sie das? Sind Sie nicht sicher, dass es eine Leiche ist?«

»Ich meine, irgendjemand hat einen Fehler begangen … Anders ist es nicht möglich. Sie werden sehen …«

Er vollendete den Satz nicht, denn in diesem Augenblick klingelte das Telefon. Er nahm den Hörer ab.

»Hallo …«

»Sind Sie's, Doktor?«

Er zuckte nicht zusammen. Er hatte die Stimme erkannt. Es war die von Drouin. Man spürte, er war ängstlicher als am Mittag. Er wagte kaum zu sprechen. Fürchtete er, dass das Gespräch mitgehört würde?

»Hallo. Sie erkennen mich, nicht wahr?«

»Ja.«

Ein Blick zum Bürgermeister, der zuhörte, sich aber auf all das keinen Reim machen konnte.

»Waren Sie dort?«

»Ja.«

»Und … Wie soll ich sagen? Haben Sie nichts …«

»Von wo telefonieren Sie?«

Verlegenes Schweigen.

»Ich verstehe. Gut.«

»Sie verstehen? Also …«

»Ja!«

»Sie haben ihn …«

»Ja.«

»Das hätte ich mir denken müssen. Und Sie … Sie haben … Antworten Sie mir offen … Ich ahne, was Sie über mich denken … Vielleicht werde ich später mit Ihnen darüber sprechen können … Ist die Polizei …«

»Ja, sie ist benachrichtigt.«

»Hallo, Doktor … Sind Sie noch am Apparat? Ist … ist …«

In diesem Augenblick hörte man ein Knistern in der Leitung. Das Fräulein vom Amt schaltete sich ein:

»Hallo, Rochefort … Fertig?«

»Trennen Sie nicht!«, rief Drouin erregt. »Hallo, Doktor …«

»Ja.«

»Sind Sie noch am Apparat? Wie lange, glauben Sie, wird es dauern, bis …«

Der kleine Doktor wandte sich dem Bürgermeister zu, der noch zuhörte und immer weniger verstand.

»In einer Stunde«, sagte Dollent schließlich, »werden alle Bahnhöfe, alle Busse überwacht werden.«

»Ich danke Ihnen. Kann ich Sie noch einmal anrufen?«

»Das Telefon wird auch überwacht werden.«

»Dann … Moment! Bleiben Sie am Apparat. Ich habe noch eine Frage … Es könnte sein, dass heute Nacht eine verletzte Person zu Ihnen kommt … Verstehen Sie mich?«

»Ja.«

»Dass sie ganz allein kommt. Dass sie wirklich Ihres Beistands bedarf …«

Schweigen. Anna horchte von Zeit zu Zeit an der Tür und wurde immer ungeduldiger.

»Sagen Sie … Wie ist das mit dem Berufsgeheimnis?«

»Es gibt da keine Vorschrift. Ich kann aussagen oder schweigen. Ich habe das mit meinem Gewissen abzumachen. Wenn ich finde, dass die betreffende Person …«

»Wozu werden Sie sich entschließen?«

»Ich kann Ihnen nichts versprechen. Es kommt ganz darauf an …«

Ein Auto auf dem Hof. Leute aus La Rochelle. Kriminalbeamte und die Vertreter der Staatsanwaltschaft.

»Wenn das Leben dieser Person, die unschuldig ist …«

Anna hatte die Tür geöffnet.

Die Herren traten sich die Schuhe auf der Strohmatte ab.

Der kleine Doktor legte lieber auf.

»Guten Tag, Herr Assessor.«

»Guten Tag, Doktor … Man sagt mir … Aber Sie waren doch gerade am Telefon …«

»Ach, nur ein Patient … Treten Sie bitte ein. Anna, bringen Sie den Herren einen Armagnac …«

Es blieb ihm nicht verborgen, dass der Bürgermeister ihm einen seltsamen Blick zuwarf.

II

Der Kommissar mag keine Ironie

Meine Meinung, Herr Assessor, wenn ich mir erlauben darf, sie Ihnen auseinanderzusetzen, ist die folgende …«

Der Kommissar verstummte, blickte ins Leere, als verfolgte er den Flug einer Fliege. Aber es war keine Fliege, die er in der heißen Luft betrachtete, sondern das Gesicht des kleinen Doktors und vor allem dessen freudig funkelnde Augen.

»Nur zu. Ich bin ganz Ohr, Herr Kommissar.«

»Entschuldigen Sie, aber ich frage mich, ob für manche Ohren …«

Der Assessor hatte verstanden. Es war nicht das erste Mal, seit man am Tatort war, dass der Kommissar, bestimmt ein braver Mann, aber einer von der feierlichen, anstrengenden Sorte, auf die Anwesenheit des kleinen Doktors anspielte.

Der Assessor und der Arzt kannten sich, weil sie öfter zusammen Bridge spielten. Sie waren beide noch jung. Und doch, auch der Staatsanwalt war ein wenig erstaunt über Dollents Gebaren.

Etwa zehn Mann waren in der Maison-Basse und im Garten. Der Gendarm von Esnandes, der neben der grüngestrichenen Gartentür stand, hinderte die Neugierigen daran, hereinzukommen, was ihn keine Mühe kostete, denn es waren kaum mehr als die mit der Untersuchung betrauten Herren. Es war sehr heiß. Nirgends auch nur ein bisschen Schatten; alle bewegten sich wie in Zeitlupe.

Bis auf den kleinen Doktor, den man noch nie so lebhaft erlebt hatte.

»Ich sagte also, Herr Assessor … Sobald wir die Identität des Opfers kennen, werden wir …«

Dollent beherrschte sich. Auch wenn es schwer war. Zu gern hätte er gesagt:

»Denkste!«

Sie taten sich alle schwer, der eine wie der andere. Sie verstanden nichts und würden nie etwas verstehen.

Es war das erste Mal, dass er Zeuge einer solchen Untersuchung wurde. Er mochte keine Kriminalromane und las auch nicht die Berichte über Verbrechen in der Zeitung.

Und nun plötzlich hatte er so etwas wie eine Erleuchtung. Alle um ihn herum tappten im Dunkeln, und er hätte ihnen am liebsten ins Gesicht gelacht und zum Beispiel dem dicken Inspektor, der unter der Couch nach Fingerabdrücken suchte, gesagt:

»Seien Sie nicht kindisch, Inspektor. In Ihrem Alter, noch dazu als Familienvater, kriecht man doch nicht auf dem Boden herum …«

Gewiss, er hatte selber noch nichts gefunden, aber er war sicher, dass er die Lösung des Geheimnisses finden würde. Er grübelte unentwegt, stellte alle möglichen Überlegungen an.

»Wenn dieser Mann, dieser Drouin, mich ein erstes Mal angerufen hat … Wenn er mich ein zweites Mal aus Rochefort angerufen hat …«

Schon amüsant, von lauter Fachleuten umgeben zu sein und sich zu sagen:

»Ich allein weiß, wo der Mann, den sie unbedingt fassen wollen, in diesem Augenblick ist!«

Denn er hatte Drouin zu verstehen gegeben, dass seine Personenbeschreibung überallhin gemeldet worden war. Folglich würde der sich nicht vom Fleck rühren. Er war nicht so dumm, sich auf dem Bahnhof oder an einer Bushaltestelle schnappen zu lassen. Er würde wohl auch nicht in einem Hotel absteigen, und der kleine Doktor malte sich aus, wie Drouin durch die heißen Straßen von Rochefort irrte, sich ins kühle Dunkel kleiner Bistros schlich und darauf wartete, dass es dämmerte.

»Meiner Meinung nach«, verkündete der Assessor, »haben wir es hier mit einem Eifersuchtsverbrechen zu tun. Zwei Männer und eine Frau. Die uralte Geschichte von den beiden Hähnen und der Henne. Vermutlich lebten sie alle drei hier, aber das Opfer hatte sich wohl versteckt? Haben Sie sein Foto über Bildfunk nach Paris geschickt, Kommissar?«

»Wir werden noch heute Abend erfahren, wer es ist.«

Zum Glück hatte der kleine Doktor keine vollständige Autopsie vornehmen müssen, bei dieser Hitze wäre das nicht angenehm gewesen. Man hatte den Mann ausgezogen – ein ungewöhnlich kräftiger Mann, der am linken Unterarm eine Tätowierung hatte: eine barbusige Frau.

Die interessanteste Feststellung war, dass der Tod am Abend zuvor zwischen zehn und zwölf Uhr eingetreten war. Ein Messerstich mitten ins Herz hatte den Unbekannten getötet, aber vorher war er noch mit den Fäusten bearbeitet worden.

Das ließ vermuten, dass der Mann nicht überrumpelt worden war. Soweit man das beurteilen konnte, hatte es einen Kampf gegeben. Die Gegner hatten zunächst mit nackten Fäusten gekämpft. Dann hatte einer von ihnen ein Messer ergriffen.

Die Szene hatte sich in der Küche abgespielt, denn im Schlafzimmer hätte sie Spuren hinterlassen. Außerdem hatte man zwischen den kleinen roten Fliesen winzige Glassplitter gefunden.

Drouin hatte also, ehe er ging, nicht nur die Leiche begraben, sondern auch sorgfältig aufgeräumt.

Dann dieser Anruf! Man musste immer wieder darauf zurückkommen.

Es ist nicht gerade üblich, wenn man jemanden getötet und begraben hat, einen Arzt zu rufen.

»Nun, Herr Bürgermeister, Sie wissen absolut nichts über die Bewohner dieses Hauses? Sie kennen Ihre Gemeindekinder also nicht?«

»Was soll ich dazu sagen? Mit dem Papierkram befasst sich der Lehrer, ich unterschreibe nur. Der Mann hat sich unter dem Namen Drouin angemeldet, während die Frau sich gar nicht angemeldet hat. Ich habe angenommen, sie seien nicht verheiratet, und habe deshalb nicht darauf bestanden. Solche Sachen gehen uns nichts an.«

Die Augen des kleinen Doktors funkelten immer noch. Er wusste, so einfach war es nun auch wieder nicht. Und genauso verbissen, wie er beim Bridge war, stellte er weiter Überlegungen an, und sobald er wieder am toten Punkt angelangt war, begann er von vorn.

Er sah Drouin vor sich mit seiner grauen Hose, dem gelben Pullover, dem kurzen Bart des surrealistischen Malers. Und im Haus mit der Pfeife, denn er rauchte Pfeife, und da er groß war, musste er sich bücken, wenn er durch die niedrige Tür ging.

Die junge Frau war immer nur halb angezogen, und ihr sonnengebräunter Körper glich einer saftigen Frucht.

Er ertappte sich dabei, wie er vor sich hin murmelte:

»Gut, gut!«

Er versuchte sich ihr Leben vorzustellen, wie sie sich hier im Haus bewegten, und es schien ihm, sobald ihm das gelänge, würde er alles verstehen.

»Sie waren nur zu zweit ... Das steht fest ... Auch wenn der Assessor von einer Ehe zu dritt faselt ... Die Atmosphäre im Haus war die Atmosphäre eines Ehepaars mitten in den Flitterwochen, das an nichts anderes denkt als an Liebe.

Sie war nicht der Typ Frau, die sich von einem tätowierten Kerl wie dem, dessen Leiche unter einem Laken auf dem Tisch lag, umarmen lässt.«

Dollent zuckte zusammen. Eine Stimme, die eines Polizisten, sagte:

»Das hier habe ich gerade gefunden, Herr Kommissar ...«

Fast hätte der Arzt es ihm entrissen. Es war eine winzige Tüte mit einem weißen Pulver darin. Schon hatte der Arzt seinen Finger mit Spucke befeuchtet, ihn in das Pulver getaucht und sich ein wenig davon auf die Zunge getan.

Der Kommissar sah ihm missmutig dabei zu, die Stirn mehr denn je gerunzelt.

»Es gibt hier noch etwas anderes, das gefunden werden muss«, erklärte Dollent dann gebieterisch, als ob man ihn mit der Leitung der Untersuchung betraut hätte. »Aber zunächst einmal möchte ich wissen, wo Sie das Tütchen gefunden haben.«

»Das ist ja das Merkwürdige. Es war ganz hinten im Schrank versteckt, zwischen der Unterwäsche der Dame.«

»Dann werden Sie unter den persönlichen Dingen des Mannes vermutlich eine kleine Schachtel finden, auf dem der Name eines Medikaments steht.«

Der Inspektor blickte seinen Chef an: Sollte er tun, was man ihm sagte?

Der Kommissar zuckte mit den Schultern, als wollte er sagen:

»Was soll ich da machen? Er befiehlt, und niemand protestiert ... Suchen Sie, wenn Sie wollen!«

Bei jenen, die an solchen Ermittlungen beteiligt sind, findet man etwas von der gleichen krankhaften Freude, die die Leute auf Auktionen dazu treibt, in alten Sachen zu wühlen und die Schubfächer von Schränken oder Kommoden zu öffnen.

Man dringt plötzlich mit vollem Recht in das Leben eines Hauses ein, bemüht sich, hinter seine Geheimnisse zu kommen. Der tapsigste Polizist beginnt in feiner Damenwäsche zu stöbern, und bis hin zur Korrespondenz gibt es nichts, in das er nicht seine Nase stecken dürfte.

So stellte man fest, dass, auch wenn die junge Frau (von der man nichts wusste, nicht einmal den

Namen) meist nur spärlich bekleidet war, sie doch ziemlich viele Kleider besaß, die zwar nicht luxuriös, aber von guter Qualität und sehr geschmackvoll waren.

Drouin dagegen besaß fast nichts, sofern er nicht einen Koffer mitgenommen hatte, was unwahrscheinlich war, da er zu Fuß nach La Rochelle hatte gehen müssen. Die graue Hose war bestimmt seine einzige, im Schrank hing keine andere, dagegen fand man einen verwaschenen gelben Rollkragenpullover in einem Schrank mit schmutziger Wäsche. Man hatte auch seine Sandalen gefunden, was vermuten ließ, dass er mit seinem einzigen Paar festen Schuhen weggegangen war.

Er war ein gebildeter junger Mann, das zeigten die Bücher in den Regalen.

»Ich wette …«, sagte der kleine Doktor plötzlich.

Während die Polizisten das Oberste zuunterst kehrten, um die kleine Schachtel zu finden, hatte er nachgedacht und auf einen Tontopf gestarrt, der fast ein Pfund Tabak enthielt.

»Suchen Sie in dem Tabak … Es würde mich wundern, wenn …«

Von da an betrachtete man ihn nicht nur neugierig, sondern auch respektvoll. Der Inspektor, der die Hand in den Tabaktopf steckte, zog sie nämlich nicht leer wieder heraus. Er hatte eine kleine

Schachtel in der Hand. Ohne hinzusehen, nannte Dollent den Namen des Medikaments.

»Sie muss halb voll sein«, fuhr er fort.

Er entdeckte eine völlig neue Form der Zufriedenheit. Um nichts in der Welt hätte er noch gewünscht, dass man ihn am Mittag nicht angerufen hätte. Er jubilierte und betrachtete verstohlen den mürrischen Kommissar und den Assessor, der sich als Mann von Welt gab.

»Sie können sicher sein, in dieser Schachtel ist nichts weiter als doppeltkohlensaures Natron.«

Um der Wahrheit Genüge zu tun, muss hinzugefügt werden, dass der Assessor noch einige Augenblicke später ganz baff war, während der Kommissar halblaut zu sagen wagte:

»Man darf nicht vergessen, dass er vor uns hier gewesen ist und fast eine Stunde allein im Haus war, das hat er ja selbst zugegeben.«

»Wollen Sie damit etwa andeuten, ich ...«

»Natürlich nicht. Trotzdem ... Hm ...«

Das Telefon klingelte. Ein Gespräch aus Paris.

Es musste fünf Uhr nachmittags sein. Inzwischen hatten es sich alle bequem gemacht, und die Männer hatten, bis auf den Assessor und seinen Schreiber, die Jacke ausgezogen. Niemand dachte mehr daran, dass auf dem Küchentisch eine Leiche lag.

Ein Polizist hatte zu den Aperitifflaschen hingeschielt, denn er war sehr durstig, aber er hatte nicht gewagt, sich etwas einzuschenken, und der Bürgermeister von Esnandes hatte gesagt:

»Ich werde ein paar Flaschen Weißwein von zu Hause holen lassen …«

Der Gendarm hatte sich auf den Weg gemacht. Die Flaschen standen entkorkt auf dem Tisch im Wohnzimmer. Der schwitzende Schreiber hielt immer wieder im Schreiben inne, um einen Schluck zu trinken.

Der Kommissar, der lange mit Paris telefoniert und sich dabei Notizen gemacht hatte, erstattete dem Assessor Bericht.

»Wie ich es mir gedacht habe. Der Mann ist sofort identifiziert worden. Ich hätte sogar geschworen, dass er mir gar nicht so unbekannt ist. Es ist Jo, der Boxer.«

Den anderen sagte der Name nichts.

»Ein übles Subjekt, verkehrt vor allem in den Bars an der Place des Ternes. Ein halbes Dutzend Vorstrafen … Das letzte Mal ist er vor drei Monaten aus dem Gefängnis in Poissy entlassen worden.«

»Vor drei Monaten«, wiederholte der Arzt, als wollte er sich diese Zahl gut einprägen.

»Was nützt Ihnen das schon?«, schien der strenge Blick des Kommissars zu sagen.

Und der Kommissar fuhr fort:

»Sie haben ja gehört, dass ich gefragt habe, ob

man Jo in der letzten Zeit in Paris gesehen hat. Da er keine Aufenthaltserlaubnis hatte, hätte er gar nicht dort sein dürfen. Dennoch ist er mehrmals gesehen worden, erst letzte Woche bei der Étoile …«

»Also hat er sich nicht hier versteckt«, sagte der kleine Doktor befriedigt.

»Ich habe nie behauptet, er hätte sich hier versteckt.«

»Aber Sie haben es gedacht!«

»Es ist doch ganz unwichtig, was …«

»Messieurs! Messieurs! Wir wollen uns doch nicht streiten«, fiel der Assessor ein. »Man könnte glauben, Kommissar und Arzt würden sich gleich die Köpfe einschlagen.«

»Wenn dieser Herr mich weiter provoziert …«

»Aber das tue ich doch gar nicht! Ich schwöre.«

»Fahren Sie fort, Kommissar … Also, Jo, der Boxer, war kürzlich in Paris. Er ist wahrscheinlich mit dem Zug hergekommen. Was wollte er hier?«

Und der unverbesserliche Doktor konnte nicht umhin zu sagen:

»Das ist eben die Frage. Bestimmt ist er nicht hergekommen, um Messerstiche einzustecken und hinter einer Hecke verbuddelt zu werden …«

»Nehmen wir an, er sei der Frau wegen gekommen«, riskierte der Assessor zu sagen, der an seiner Idee festhielt.

Nein! Das war nicht der Grund gewesen. Der

kleine Doktor spürte das. Es war zugleich einfacher und komplizierter. Er würde dahinterkommen. Er würde vielleicht einige Zeit dafür brauchen, aber er war sicher, er würde dahinterkommen.

»Weshalb ist er das letzte Mal verurteilt worden?«, fragte er.

»Wenn ich nicht ständig unterbrochen worden wäre, hätte ich es längst gesagt ... Der Wirt eines Nachtlokals in der Rue Fontaine ist ermordet worden.«

»Wann war das?«

»Vor zwei Jahren. Raubmord ... Mehrere Männer, man hat nie herausbekommen, wie viele genau, haben sich an dem Abend in dem Lokal einschließen lassen. Sie hatten es auf die Kasse abgesehen ... Als bloß noch der Wirt im Lokal war, haben sie sich auf ihn gestürzt. Er hat sich gewehrt. Schüsse sind gefallen ... Nur Jo, der Boxer, ist gefasst worden. Er ist lediglich als Mittäter verurteilt worden, denn die Fingerabdrücke, die man auf dem im Lokal zurückgelassenen Revolver gefunden hat, waren nicht von ihm.«

Da geschah etwas Unerwartetes. Der kleine Doktor zog seine Jacke wieder an. Er wirkte sehr zufrieden und freundlich. Man hätte glauben können, dass nie von einem Mord oder von einem Mörder die Rede gewesen sei, dass er nur gekommen sei, um reizenden Patienten oder Freunden einen Besuch abzustatten.

Er reichte allen die Hand und sagte mit entwaffnendem Lächeln:

»Nun, Messieurs, wenn Sie mich nicht mehr brauchen, werde ich mich wieder um meine Kranken kümmern.«

Aber er hielt mit seinem kleinen knatternden Auto nicht vor seinem Haus an, obwohl man von der Straße aus sah, dass im Wartezimmer lauter erschöpfte Patienten saßen.

III

Ein vollkommen unnützer Messerstich

Bis Rochefort ging alles gut. Die Straße war solide, Vögel sangen in den Bäumen, und der kleine Doktor ertappte sich mehrmals dabei, wie er vor sich hin pfiff.

Er war mit sich zufrieden. Mehr als zufrieden. Hatte er nicht soeben ganz besondere Talente in sich entdeckt? Und diese Talente verhießen ihm obendrein bislang ungeahnte Freuden.

Ein Anruf … Vorher hatte sich niemand um die Maison-Basse und ihre Bewohner gekümmert. Er war ihnen mehrmals begegnet, ohne sich für sie zu interessieren. Nur einmal hatte er mit Drouin gesprochen, um ihm ohne rechte Überzeugung ein einfaches Medikament zu empfehlen, das er sich auch selbst hätte kaufen können … Und einmal hatte er mit der jungen Frau gesprochen.

Und trotzdem hatte er in wenigen Stunden alles entdeckt. Er war davon überzeugt. Er war sich dessen sicher. Die anderen, der Assessor, der Kommissar und erst recht der brave Bürgermeister, tappten im Dunkeln, und das musste so sein, sagte sich der Doktor. So war es wohl fast immer bei einem Kriminalfall.

Weil sie es falsch anfingen!

Aber er ... Wie fing er es an? Er hätte es nicht genau sagen können, aber er spürte es. Er versetzte sich an die Stelle des ... oder vielmehr ...

Nun, es spielte keine Rolle. Entscheidend war, dass er ans Ziel kam, dass die Maison-Basse keine Geheimnisse mehr für ihn barg.

Es ging jetzt nur noch darum, Drouin zu finden, was nicht schwer sein würde. Rochefort ist nicht groß. Seit es keine Garnison mehr ist, ist es fast eine tote Stadt mit Straßen, in denen kein Verkehr pulst.

Er begann im Café de la Paix, weil er nichts außer Acht lassen wollte, aber wie erwartet saß Drouin weder auf der Terrasse noch drinnen.

»Café du Commerce ... Café Joffre ... Café de la Marine.«

Die Sonne stand schon tief am Himmel, aber die Hitze war noch unerträglich, und der kleine Doktor bekam das Biertrinken allmählich über.

An einer Theke trank er einen Weißwein. Dann an einer anderen noch einen, und er war wie im Rausch, einem Spieler ähnlich, der sicher ist, dass er den richtigen Riecher hat, und darauf wartet, dass die kleine weiße Kugel auf der von ihm gewählten Zahl liegen bleibt.

»Vorausgesetzt, dass er keinen Blödsinn macht«, murmelte er vor sich hin.

›Blödsinn machen‹ hieß, sich abzusetzen, in einen Zug, einen Bus zu steigen, weiter zu flüchten, was die sicherste Methode war, geschnappt zu werden.

Was mochte Drouin jetzt machen? Seit mittags bewegte er sich in einem begrenzten Raum mit hundert Straßen vielleicht, hundert Cafés, die kleinsten Bars mit eingeschlossen.

»Ach, ich hätte doch fast vergessen …«

Dollent schlug sich an die Stirn und stieg wieder in sein winziges Auto. Er hielt in einer Straße, wo an allen Häusern die Läden geschlossen waren und jedes durch eine große Nummer gekennzeichnet war.

Ohne Scheu ging er überall hinein, setzte sich, bestellte der Form halber einen Schnaps und erwehrte sich der Zudringlichkeiten der Damen.

»Ich suche einen Freund, der mir gesagt hat … Haben Sie ihn vielleicht heute Nachmittag gesehen? Er hat einen Bart.«

»Einen mit Bart? Nein. Übrigens, nachmittags kommt kaum jemand her. Eigentlich nur Stammgäste.«

»Ich bin ein Idiot«, dachte er, »ein Vollidiot. Wieso habe ich nicht eher daran gedacht?«

Nach den Cafés, den Bars, den Bordellen kamen die Friseure an die Reihe. Er musste sich beeilen, denn die Läden würden bald schließen.

»Sagen Sie … Ich suche einen Freund, mit dem ich mich am Bahnhof verabredet hatte. Ein großer junger Mann, graue Hose. Ich weiß, er wollte sich den Bart abnehmen lassen.«

»Ernest! Hattest du heute einen mit Bart?«

»Nein, Chef.«

Ein Friseur, zwei, fünf, zehn Friseure. Und kein Bart! Immerhin musste er nicht trinken, und das war ein Glück, denn ihm begann sich schon der Kopf zu drehen.

»Einen Bart? … Moment. Ja, um drei. Allerdings habe ich nicht auf die Farbe seiner Hose geachtet.«

»Das macht nichts. War er allein?«

»Ja … Kann aber auch sein, dass er mit einer Dame gekommen ist. Die wäre dann in den Damensalon gegangen. Auguste, hast du um drei eine Dame bedient, die …«

Nein! Na wennschon. War es nicht auch so schön? Und berauschend? Ganz allein war es ihm gelungen, Drouin aufzuspüren, und die Spur war noch heiß.

»Sie wissen nicht, wohin er dann gegangen ist?«

Nein, das wusste man nicht. Und eine Viertelstunde später, als die Sonne hinter den Häusern am Marktplatz unterging, war der kleine Doktor ganz entmutigt. Er überlegte, was er auf der Terrasse des Café de la Paix trinken sollte, wo er seine Runde begonnen hatte und wo er sie nun beendete.

Studenten spielten Karten. Eine Frau saß allein vor einem Glas Bier und zwinkerte ihm zu.

»Was soll's! Einen Pernod …«

Noch nie in seinem Leben hatte er so viel getrunken, aber er hatte auch noch nie so viel nachgedacht. Und jetzt drängte die Zeit. Es stand auf Messers Schneide. Eine Stunde verloren, und vielleicht …

Also! Welchen Fehler hatte er gemacht? Warum war er nicht weitergekommen, nachdem er Drouins Spur bei dem Friseur wiedergefunden hatte?

Etwas in seinen Berechnungen stimmte nicht. Es war nicht anders möglich.

»Beim zweiten Telefonat hat er mich gefragt, ob ich das Berufsgeheimnis wahren würde, falls eine verletzte Person zu mir käme … Also …«

Weiter kam er nicht. Er hatte seinen Pernod in der Hand, und sein Blick war so starr, dass die Frau, der er sich unwillkürlich zugewandt hatte, glaubte, nun sei alles klar.

»Also … Er muss nach Marsilly. An das Naheliegende denkt man meist nicht. Von hier nach Marsilly sind es fünfundvierzig Kilometer … Er kann weder den Zug noch den Bus nehmen.«

Ein Fahrrad. Das war es, woran er nicht gedacht hatte. Fünf Minuten später, nachdem er zur großen Verblüffung des Kellners vergessen hatte, seinen Pernod zu bezahlen, war er auf dem Kommissariat.

»Ich möchte Sie um eine Auskunft bitten. Ist

heute Nachmittag in Rochefort ein Fahrrad gestohlen worden?«

Der Sekretär im Kommissariat war noch verblüffter als der Kellner im Café de la Paix.

»Ein Fahrrad gestohlen? Warum interessiert Sie das?«

»Bloß so ... Nur so eine Idee ...«

»Nein, Monsieur, es ist kein Fahrrad gestohlen worden.«

Drouin war also ängstlicher, als Dollent geglaubt hatte, denn nichts ist einfacher, als ein Fahrrad oder sogar ein Auto zu stehlen.

»Gibt es viele Fahrradgeschäfte in Rochefort?«

»Das weiß ich nicht, Monsieur. Ich interessiere mich nicht für Sport.«

Es gab acht Fahrradgeschäfte, aber er musste sie nicht alle abklappern. Schon im dritten konnte er sich wieder seiner Begeisterung hingeben. Der Kerl in Pantoffeln antwortete ihm, wenn auch ein wenig misstrauisch:

»Ich habe kein Fahrrad verkauft, aber ich habe zwei vermietet.«

»Ein Herren- und ein Damenrad?«

»Ja.«

»Um vier Uhr?«

»Nein, um sechs.«

Da war er selbst schon in Rochefort gewesen, und wenn der Zufall es gewollt hätte ...

»Ein Mann in grauer Hose, nicht wahr?«

»Möglich.«

Jetzt musste er Drouin auf den Fersen bleiben, musste es sich zunutze machen, dass er unter Druck war. Der Ladenbesitzer in Pantoffeln schob ihn hinaus, aber Dollent ließ sich nicht abwimmeln.

»Pardon, noch eine Frage: Er hat doch gewiss Geld hinterlegen müssen?«

»Er hatte nicht genug dabei. Er hat mir seine Uhr dagelassen.«

Herrlich! Mehr, als er hatte hoffen können. Dem kleinen Doktor hüpfte das Herz vor Freude. Wenn nur dieser blöde Fahrradhändler nicht …

»Dürfte ich sie einmal sehen? Keine Sorge. Ich bin Doktor Dollent aus Marsilly … Hier ist mein Führerschein.«

Bei einem solchen Kerl halfen keine Mätzchen.

»Ich suche einen Freund, den ich in Rochefort treffen sollte. Er hat wohl die Fahrräder gemietet, um zu mir zu fahren.«

»Da hätte er ja mit dem Bus fahren können.«

»Daran wird er nicht gedacht haben … Wenn ich die Uhr sehen könnte, wüsste ich, ob …«

»Sind Sie nicht eher ein Freund der kleinen Dame und wollen nur aus Eifersucht …«

Trotzdem zeigte er ihm die Uhr, ganz vorsichtig, ohne sie aus den Augen zu lassen. Eine prächtige goldene Uhr.

»Würden Sie bitte das Gehäuse öffnen? Vielleicht steht sein Name ...«

Und wirklich, so war es. Die Götter waren auf seiner Seite. Im Gehäuse standen ein Name und ein Vorname: *Jean Larcher*, und auch eine Adresse: *Boulevard Raspail 67, Paris.*

»Ich danke Ihnen. Das ist er ...«

Er hätte eigentlich noch etwas sagen sollen, aber vor allem musste er verschwinden und die beiden Radfahrer einholen, die gewiss in Richtung Marsilly fuhren. Fuhren sie schnell? Fuhren sie langsam? Das war von größter Bedeutung. Nahmen sie die Landstraße? Da sie die Gegend bestimmt nicht kannten, wagten sie sich womöglich nicht auf die Wege im Moor.

Es war eine tolle Jagd. Es dämmerte bereits, und unter den Bäumen war kaum noch etwas zu erkennen. Und leider gab es viele Radfahrer, auch solche, die zu zweit unterwegs waren. Der kleine Doktor hatte seine Scheinwerfer eingeschaltet. Er versuchte, die Radfahrer zu erkennen, aber dann kamen ihm Skrupel, und er hielt an, nachdem er sie überholt hatte, wartete auf sie, um sie von vorn zu sehen, sodass man ihn für einen Sonderling halten konnte.

Zwanzig Kilometer, dreißig! Und kein Drouin (beziehungsweise Jean Larcher), keine junge Frau, jedenfalls nicht die, die er suchte. Als er die Lichter von La Rochelle sah, war es stockfinster, und er geriet in Panik.

Er war jetzt fast sicher, dass er zu spät kommen würde. Drouin hatte es bestimmt eilig. Am helllichten Tag konnte er nicht handeln, aber er würde auch nicht bis Mitternacht warten.

Seit einer halben Stunde war es dunkel. Also …

Der kleine Wagen brummte wütend, denn mehr als fünfundsechzig Kilometer in der Stunde waren nicht drin. Sein Fahrer war wie von Sinnen, und ein paarmal erhob er sich ein wenig von seinem Sitz, was das Auto aber auch nicht beschleunigte.

Nieul … Marsilly … Linker Hand sein Haus mit dem Gitter, dem Hof, dem im Esszimmer, aber auch im Sprechzimmer brennenden Licht.

Zu spät! Wenn im Sprechzimmer Licht brannte, bedeutete das …

Er ließ den Wagen auf der Straße stehen und vergaß den Motor abzustellen. Er eilte die Treppe hinauf. Die Tür öffnete sich. Anna, die ganz verstört wirkte, sagte:

»Ach, da sind Sie ja endlich. Ich habe überall herumtelefoniert. Es ist eine arme Dame hier, die …«

»Ich weiß.«

Anna sah ihn so erstaunt an, dass er sich korrigierte:

»Das heißt, ich habe es geahnt, als ich Licht sah.«

»Sie ist hundert Meter vom Haus entfernt, genau

an der Ecke, von einem Auto angefahren worden. Ich habe ja immer gesagt, die Ecke dort …«

Er hörte nicht hin. Er wusste, er musste schleunigst in sein Sprechzimmer. Schon zog er die Jacke aus, öffnete die Tür, und als er sie wieder schloss, brummte er, ohne die Frau auch nur anzusehen:

»So etwas Dummes. Hätten Sie nicht noch eine halbe Stunde länger warten können?«

IV

Der kleine Doktor hatte recht

Eine Kugel?«, fragte er, während er sich vergewisserte, dass die Vorhänge zugezogen waren.

Sie schüttelte den Kopf. Sie war blass, sicherlich mehr vor Erregung als vor Schmerzen. Sie hielt sich ein Taschentuch an die Schulter, das schon blutdurchtränkt war.

»Ein Messerstich? ... Das ist ja eine richtige Marotte!«

Mit einem kläglichen Lächeln antwortete sie:

»Er hatte keinen Revolver. Und hätte er einen gehabt, er hätte wohl kaum schießen können. Er hatte Angst davor.«

»Ziehen Sie Ihre Bluse aus.«

Er tat so, als beachtete er sie gar nicht, und steckte sofort den Gaskocher an, um Wasser heiß zu machen, legte Watte, Gaze, Verbandszeug bereit.

»Werden Sie die Wunde nähen müssen?«

»Das weiß ich noch nicht. Sie ist nicht sehr tief. Wo ist er? Er hat doch hoffentlich nicht den Zug genommen?«

Er drehte sich um und war ein bisschen verlegen, als er sie mit entblößtem Oberkörper sah – ein herrlicher Oberkörper, dem die zwei Zentimeter breite Wunde an der Schulter nichts von seiner Schönheit nahm.

»Er will vor morgen früh mit dem Fahrrad in Bordeaux sein.«

»Geht dann ein Schiff von dort ab?«

»Ja, er hat das heute Nachmittag in Rochefort in der Zeitung gelesen. Die Veuzit sticht nach Chile in See. Wenn man ihn nicht an Bord lässt, wird er als blinder Passagier mitfahren ... Und sobald das Schiff auf hoher See ist ... Die Veuzit ist übrigens kein französisches Schiff.«

»Tue ich Ihnen weh?«

»Nicht sehr.«

»Halten Sie die Watte auf die Wunde, während ich meine Instrumente hole.«

Aber nicht deswegen ging er in die Küche, sondern wegen Anna, die dort die schon kalte Suppe aß.

»Hören Sie, Anna, es ist heute Abend niemand gekommen ... Verstehen Sie? Sie haben diese Dame nicht gesehen ... Ich möchte aber, dass Sie das Gästezimmer im zweiten Stock richten ... Man kann nie wissen ...«

Als er zurückkam, sah ihn seine Patientin verängstigt an, und er versuchte schnell, sie zu beruhigen.

»Befürchten Sie nichts ... Ich habe nicht telefoniert ... Wenn unser Freund Larcher es fertigbringt, die hundertachtzig Kilometer mit dem Fahrrad zu fahren ...«

»Sie kennen seinen Namen?«

»Natürlich.«

Er war nicht wenig stolz darauf. Er legte die Klammern bereit.

»Sie brauchen keine Angst zu haben. Es wird nicht einmal eine Narbe geben.«

»Wie haben Sie seinen Namen erfahren?«

»Ich könnte auch in wenigen Minuten seine ganze Geschichte erfahren, ohne mich an die Polizei zu wenden. Dazu bräuchte ich nur am Boulevard Raspail 67 anzurufen. Vermutlich hätte ich dann einen Papa und eine Mama an der Strippe, die mit ihrem Sohn nichts mehr zu tun haben wollen.«

»Die wissen von nichts. Sie glauben, Jean sei Praktikant in Algier. Er ist Ingenieur.«

»Und Sie?«, fragte er plötzlich.

Im selben Augenblick tat er ihr weh, aber sie lächelte trotzdem schwach.

»Das wissen Sie nicht?«

»Ich weiß rein gar nichts von Ihnen, nicht einmal Ihren Namen.«

»Aber Sie möchten etwas wissen? Nun, ich heiße Laura, Laura Delille, wenn Sie es ganz genau wissen wollen. Ich war Mannequin in der Rue de la Paix.«

Er tat ihr noch mehr weh. Es ärgerte ihn, dass er das nicht allein herausgefunden hatte.

»Was wissen Sie sonst?«

Und während er die Wunde vorsichtig klammerte, antwortete er mit vor Konzentration gerunzelter Stirn:

»Alles … alles und nichts … Dass Sie Jean Larchers Freundin waren, natürlich.«

»Wir lieben uns seit anderthalb Jahren.«

»Das ist es eben. Als Sie sich kennenlernten, hatte er schon einen Menschen getötet.«

»Das wusste ich nicht. Als ich ihn kennenlernte, ging er viel aus und trank viel, wahrscheinlich um zu vergessen. Anfangs gefiel er mir gar nicht. Ich fand, er sei nichts weiter als ein vergnügungssüchtiger junger Mann. Dann bin ich dahintergekommen, dass das nicht stimmte, dass er ernster und liebevoller und zärtlicher war, als ich glaubte … vor allem sehr zärtlich … Wenn Sie wüssten!«

»Halten Sie ein paar Augenblicke ganz still. Sprechen können Sie trotzdem.«

»Wir waren in Paris fast immer zusammen, obwohl er noch bei seinen Eltern wohnte. Sein Vater ist ein hoher Beamter im Ministerium, ein Mann mit strengen Grundsätzen. Eines Tages hat Jean mich gefragt, ob ich ihn so sehr lieben würde, dass ich mit ihm auf dem Land leben könnte … Ich habe aus ganzem Herzen Ja gesagt.«

»Das war vor sechs Monaten?«

»Ja.«

»Das heißt, wenige Wochen bevor Jo, der Boxer, aus dem Gefängnis entlassen wurde. Der hatte ihm bestimmt schon aus dem Gefängnis geschrieben, um ihn zu erpressen.«

»Von all dem wusste ich nichts. Wir sind in die Maison-Basse gezogen, haben dort gelebt, und ich war glücklich.«

»Drei Monate lang.«

»Woher wissen Sie das?«

»Weil ich, ohne es zu wollen, Ihrem Idyll ein Ende gemacht habe ... Erinnern Sie sich noch an den Tag, als ich Sie gefragt habe, ob Ihr Freund gut schlafen würde? ... So, jetzt legen Sie sich auf diese Couch. Ruhen Sie sich aus. Wegen der Sache mit dem Schlafmittel habe ich nämlich alles verstanden ... Drouin oder vielmehr Jean Larcher brauchte überhaupt kein Schlafmittel ... Aber Jo musste ihn aufgespürt haben ... Vielleicht hat er ihm sogar geschrieben, um ihm seinen Besuch anzukündigen, oder aber Larcher hat ihn in der Gegend herumstreichen sehen. Er hat seinen Besuch gefürchtet, zumal Sie dann alles erfahren würden.

Er ist zu mir gekommen, hat mich um ein Rezept für ein Schlafmittel gebeten, ›das sich in Flüssigkeit auflösen lässt‹. Mit anderen Worten: das man jemandem eingeben kann, ohne dass der es merkt.«

»Ich fand, dass der Wermut bitter schmeckte«, sagte sie. »Er hat mir gesagt, er habe ein Stärkungsmittel hineingetan. An manchen Abenden bestand er darauf, dass ich viel davon trank, und am nächsten Morgen bin ich nur mit größter Mühe wach geworden.«

»An den Abenden, an denen Jo kam! … Sie verstehen ja wohl, dass für diesen Schuft das Geheimnis, in dessen Besitz er war, Gold wert war, und er wollte gut davon leben … Bei den Treffen ging es gewiss hoch her. Er muss Summen gefordert haben, die Ihr Freund ihm nicht geben konnte.«

»Das stimmt. Allmählich bin ich dahintergekommen …«

»Durch mich. Als ich mit Ihnen über Jeans Schlaf sprach, habe ich Ihnen den Floh ins Ohr gesetzt.«

»Ich hatte ihn schon vorher verändert gefunden.«

»Sie haben seine Sachen durchwühlt und das Schlafmittel gefunden. Da war Ihnen klar, warum der Wermut so merkwürdig schmeckte und warum Sie, nachdem Sie ihn getrunken hatten, so fest schliefen … Und darum haben Sie das Schlafmittel in der Schachtel durch doppeltkohlensaures Natron ersetzt und das richtige Schlafmittel unter Ihrer Wäsche versteckt.«

»Man hat es gefunden?«, fragte sie unschuldsvoll.

»Sie haben also die Gespräche zwischen Jo und Ihrem Freund mitbekommen …«

»Zwei Gespräche, das letzte einmal ausgenommen. Die beiden glaubten, dass ich schlafe. Ich spürte deutlich, dass das böse enden würde. Ich wollte Jean nicht sagen, dass ich sein Geheimnis kannte. Ich versuchte ihn dazu zu überreden, mit mir fortzugehen, weit weg, aber er liebte unser kleines Haus über alles, wir waren dort so glücklich … Er hat gehofft, der andere würde es bald leid sein … Gestern! Denn es war gestern, auch wenn es mir jetzt vorkommt, als wäre es vor einem Jahrhundert gewesen … Jo kam, und sie haben sich gestritten. Jean erklärte, er werde ihm nicht einen Sou geben. Das wenige Geld, das er besessen habe, sei ausgegeben.

Der andere verhöhnte ihn, empfahl ihm, alles seinen Eltern zu gestehen, die, wie er sich ausdrückte, schon ›blechen‹ würden.

Schließlich haben sie sich geschlagen. Jo hat ein Messer aus der Tasche gezogen. Jean, der stärker ist, als er wirkt, konnte ihm schließlich das Messer entwinden, und dann hat er zugestochen.

Ich habe alles gehört … Eine grauenhafte Nacht. Das Hin und Her im Garten … Er glaubte, ich würde schlafen, und im Morgengrauen hat er das Haus verlassen …«

»Und mich hat er angerufen«, unterbrach sie der kleine Doktor, »damit ich käme, um Sie zu wecken. Er glaubte, er hätte Ihnen eine zu starke Dosis gegeben. Er hatte Angst um Sie. Außerdem, wenn man die Leiche entdeckte, konnte kein Verdacht auf Sie fallen, weil Sie ja noch unter der Wirkung eines Schlafmittels standen.«

Er riss jäh die Tür auf und sah Anna, die dahinter lauschte.

Er sagte nichts, runzelte nur die Stirn, schloss die Tür wieder und steckte sich mechanisch eine Zigarette an.

»Erlauben Sie?«

»Würden Sie mir bitte auch eine geben?«

»Als Arzt müsste ich eigentlich … Nun, jetzt wissen Sie, wie ich darauf gekommen bin. Von dem Augenblick an, als er mich angerufen hatte, musste ich davon ausgehen, dass ich jemanden in der Maison-Basse finden würde. Und als dort niemand war …«

»Ich bin ihm hinterher. Ich wollte ihn schützen, ihm helfen. In Rochefort hat er mich gesehen …«

»Und ist vor Angst wahnsinnig geworden! Er, der alles getan hatte, um Sie nicht zu gefährden! Und da sich nun herausstellte, dass Sie gar nicht geschlafen hatten, wurden Sie zu seiner Komplizin.«

»Das hat er auch gesagt. Er hat mir alles gestanden, mir alles erzählt. Vor zwei Jahren hatte er sich mit ein paar üblen Halunken eingelassen. Sie haben ihn überredet, bei einem Überfall mitzumachen, dem in der Rue Fontaine, dabei werde kein Blut fließen. Tatsächlich hat er aber geschossen, ohne es zu wollen, als es zu einer Schlägerei kam … Jo saß kaum hinter Gittern, da hat er schon begonnen, ihn zu erpressen. Jean musste seinen Anwalt bezahlen, ihm Geld ins Gefängnis schicken, seine Geliebte aushalten.

Dann hat er mich kennengelernt. Er wollte aus diesem Albtraum entfliehen. Er ahnte, dass Jo nach seiner Entlassung mehr verlangen würde. Er hat eine kleine Summe zusammengekratzt, und wir haben uns hier verkrochen …«

»Haben Sie keinen Hunger?«, fragte der kleine Doktor plötzlich, dem von dem vielen Alkohol ganz übel war.

»Wie könnte ich jetzt an so was denken? Ich denke an Jean, der auf der Landstraße ist und die Kilometer zählt.«

»Sie haben natürlich vorgeschlagen, ihn zu begleiten.«

»Er hat es nicht gewollt. Er behauptet, einer allein könne sich verstecken, aber ein Paar falle leicht auf, und er hat gemeint, damit ich in Sicherheit sei …«

»… sollten Sie sich unter den Schutz des Arztgeheimnisses stellen, sich irgendeine Verletzung zufügen, damit ich Sie hereinlasse und eine Weile verstecke.«

»Ja, so war es. Gleich nach dem Telefonanruf hat er sich den Bart abnehmen lassen.«

»In der Rue de la Mésange.«

»Das wissen Sie auch?«

Er konnte ein Lächeln naiven Stolzes nicht unterdrücken. Durfte er nicht stolz auf sich sein? Schließlich wussten der Assessor, der Kommissar, die ganze Clique nichts, aber auch gar nichts über diesen Fall.

Und er, der kleine Doktor, saß hier der jungen Frau gegenüber, die alle suchten. Wenn er die Kilometer gezählt und berechnet hätte, wie viele ein Radfahrer in einer Stunde zurücklegen konnte, dann hätte er auch sagen können, wo auf der Straße nach Bordeaux sich jetzt der Mann befand, dessen Personenbeschreibung allen Bahnhöfen gemeldet worden war.

Er hätte es gekonnt … Es wäre komisch gewesen, dem feierlichen Kommissar ein Schnippchen zu schlagen!

Und die Uhr!

Er war selbst ganz fasziniert und vergaß darüber seine Patientin, die nicht wusste, wohin sie die Zigarettenasche tun sollte. Er merkte es und brachte ihr rasch einen Aschenbecher.

»Danke … Wenn er … ich klopfe auf Holz … wenn er nach Chile kommt, wird er sicherlich dort seinen Lebensunterhalt verdienen können, und sobald er genug Geld für meine Passage hat, selbst wenn ich dritter Klasse fahren müsste …«

Sie war bis jetzt sehr tapfer gewesen. Aber sie würde nicht durchhalten, und tatsächlich verzogen sich schon ihre Lippen, und sie begann zu schluchzen, bedeckte ihr Gesicht mit den Händen. Sie dachte nur an Jean und sagte immer wieder:

»Er ist ein guter Mensch ... Wenn Sie wüssten ... Wenn Sie ihn kennen würden, so wie ich ihn kenne ... Er ist da hineingezogen worden ... Er wollte nicht feige sein, und als er dann einmal drin war, in diesem Räderwerk ... Ich wünschte, Sie hätten gehört, wie dieser Schuft Jo zu ihm gesagt hat: ›Du wirst auf der Guillotine enden, mein Lieber. Du wirst dein hübsches Köpfchen mit dem Fallbeil abgeschnitten bekommen. Und wer wird dabei in der ersten Reihe stehen? Freund Jo! ... Freund Jo, der sich den Bauch vor Lachen hält ...‹«

Sie war mit ihren Nerven am Ende, und der kleine Doktor musste ein Beruhigungsmittel aus seinem Medizinschrank holen.

»Bitte, beruhigen Sie sich. Ich versichere Ihnen, ihm wird nichts geschehen. Morgen um diese Zeit ist er schon auf hoher See, und da es sich um ein südamerikanisches Schiff handelt, wird man ihn nicht ausliefern.«

»Das hat er mir auch geschworen, aber ich frage mich, ob es stimmt.«

Übrigens, was kam über den kleinen Doktor, dass er so die Hand einer jungen Frau mit bloßer

Schulter hielt, so liebevoll auf sie einsprach, sich so sehr für das Schicksal eines Menschen interessierte, den er kaum kannte?

Und was wohl Anna in ihrer Küche dachte?

Trotzdem sagte er in sehr ernstem Ton:

»Sie werden sehen, Sie finden ihn wieder!«

Und fast wäre sie in seinen Armen eingeschlafen.

Das Mädchen in Hellblau

I

Der kleine Doktor hilft einem Mädchen in einer seltsamen Situation und erhält eine noch seltsamere Belohnung dafür

Später sollte der kleine Doktor mit der Leidenschaft eines Sammlers jede Gelegenheit nutzen, Rätsel zu lösen oder, besser gesagt, die merkwürdige Fähigkeit anzuwenden, die er an sich entdeckt hatte: die reine menschliche Wahrheit aus den scheinbar kompliziertesten Geschichten herauszuschälen.

Aber so weit war er noch nicht. Es war erst einen Monat her, seit ihm bei dem Verbrechen in der Maison-Basse sein besonderes Talent offenbar geworden war, und unterdessen hatte er sich weise damit begnügt, seine bäuerlichen Patienten zu behandeln.

Der Sommer war weiter strahlend schön und heiß. Und dieser Sonntag war noch strahlender als ein gewöhnlicher Wochentag, auch wenn es in der Ferne nach einem Gewitter aussah; und der kleine Doktor war in seinem knatternden kleinen Auto nach Royan geschaukelt.

Er war kaum eine Viertelstunde dort, da war er schon verliebt!

Man muss allerdings hinzufügen, dass ihm das mindestens einmal im Monat passierte, oft sogar mehrmals, und dass das Objekt seiner Leidenschaft meist nichts davon wusste.

War er mit dreißig Jahren noch so leicht entflammbar wie ein Schüler? War er vielleicht, ohne sich dessen bewusst zu sein, zu schüchtern, und musste man es dieser Schüchternheit zuschreiben, dass er noch immer Junggeselle war?

Wieder einmal handelte es sich um ein junges Mädchen. Die jungen, die sehr jungen Mädchen konnten ihn so verwirren, dass er rot wurde und das Verlangen spürte, Gedichte zu verfassen.

Um vier Uhr nachmittags wimmelte es am Strand von bronzefarbenen Körpern, Shorts, Badeanzügen und bunten Bademänteln.

Im Musikpavillon in der Mitte des Kasinoparks spielte eine Kapelle Operettenmelodien, und an kleinen Korbtischen tranken Familien Orangeade.

Weil er Schatten suchte, war Jean Dollent, den alle den kleinen Doktor nannten, in den Spielsaal gegangen, wo um den Spieltisch herum etwa dreißig Personen saßen.

»*Messieurs, faites vos jeux … Rien ne va plus! …* Die Sieben.«

Der Croupier sagte mit betont ernster Miene:

»*Messieurs, faites vos jeux.*«

Die älteren Herren waren woanders, im eigentlichen Roulettesaal. Hier saßen fast nur Mädchen, deren Eltern draußen Erfrischungen tranken, ältere Damen und ein paar junge Männer.

»*Faites vos jeux* … Wieder die Sieben!«

In dem Augenblick, da der kleine Doktor etwas Kleingeld aus seiner Tasche angelte, bemerkte er das Mädchen in Hellblau, und von da an, kann man sagen, ließ er sie nicht mehr aus den Augen. Es war nicht ein Mädchen, es war *das* Mädchen im wahrsten Sinn des Wortes; diese Frische, diese noch etwas tapsige Anmut, die strahlende weiche Haut, die großen Gazellenaugen. Der kleine Doktor dachte wahrhaftig an eine Gazelle!

Er war so hingerissen, dass er darüber zu spielen vergaß. Wieder die Sieben. Lässig raffte sie die Jetons zusammen, die ihr der Croupier mit seiner Harke zuschob.

Woran dachte sie, während sie so spielte? So teilnahmslos, dass man denken konnte, sie sei mit ihren Gedanken ganz woanders. Saßen ihre Eltern auch beim Musikpavillon? Keiner der jungen Männer sprach sie an.

Ganz allein stand sie da in der Menge, nahm einen Jeton oder zwei und schob sie über den grünen Spielplan. Dann blickte sie woandershin, und mehrmals meinte Dollent Angst in ihren Augen zu sehen, einem Gewitter gleich, das von Zeit zu Zeit am Horizont aufzieht.

Vielleicht würde er sie nie wiedersehen. Aber das hinderte ihn nicht, in sie verliebt zu sein, sich nur für sie zu interessieren, und Tag um Tag würde er von ihr träumen, während er seine Patienten auf den Bauernhöfen von Marsilly behandelte.

»Die Fünf ...«

Sie hatte auf die Fünf gesetzt. Auch das Glück war ihr hold. Dann setzte sie auf die Vier, und jetzt sah man zwischen den weißen Fünf-Franc-Jetons in ihrer Hand auch rote, die zwanzig Franc wert waren, und sogar einen im Wert von hundert Franc.

War es nicht aufregend, sich zu fragen, wer sie war? Wahrscheinlich die Tochter eines reichen Mannes. Kam sie aus der Provinz oder aus Paris? Wenn sie länger in Royan blieb, würde der kleine Doktor sie vielleicht wiedersehen und ...

Sie langweilte sich, das stand fest. Man spielt nicht mit solcher Nonchalance, wenn man sich nicht langweilt. Ihr gegenüber saß eine dicke ältere Dame, die ihr jedes Mal, wenn sie gewann, einen giftigen Blick zuwarf. Die dicke Dame schien zu sagen:

»Hier gewinnt wohl nur diese dumme Pute!«

Denn sie selbst verlor; sie spielte wie besessen, zählte immer wieder die Hundert-Franc-Scheine, die sie vor sich hingelegt hatte, notierte die Zahlen, die gewannen, wie ein Stammgast der Spielbank in Monte Carlo, der sein ganz eigenes System hat.

Plötzlich donnerte es laut. Genau über dem Kasino, hätte man glauben können. Zugleich gab es einen heftigen Regenguss. Die vor dem Regen geschützten Musiker spielten weiter, aber die Menge zerstreute sich eilig in alle Richtungen. Und einen Augenblick später war der Spielsaal mit Menschen gefüllt. Es gab ein großes Gedränge, während die Croupiers alle Mühe hatten, an den zwei Tischen für Ordnung zu sorgen.

»*Faites vos jeux* … Die Neun.«

Und der kleine Doktor stellte sich auf die Zehenspitzen, um sein neues Idol, das all das nicht aus der Ruhe zu bringen schien, nicht aus den Augen zu verlieren.

Jemand rempelte ihn an. Er drehte sich um, wollte etwas Unfreundliches sagen, ließ es dann aber bleiben, entschuldigte sich stattdessen, denn es handelte sich um eine weißhaarige Dame, eine jener alten, noch koketten Damen mit zuckriger Miene, die sich auf rührende Art schminken, um sich in einer letzten Illusion zu wiegen.

»Entschuldigen Sie«, sagte er.

Sie sagte nichts, neigte aber lächelnd den Kopf. Dieser banale Zwischenfall war umso lächerlicher, als genau in diesem Augenblick das Mädchen in Hellblau zu ihm hinblickte und er, wäre nicht die alte Dame gewesen, endlich ihren Blick hätte auffangen können.

»Faites vos jeux … Rien ne va plus …«

Jäh, wie der Regen begonnen hatte, hörte er auch wieder auf, und draußen wurde es ganz still. Das Wasser tropfte von den Bäumen, und die Menge kehrte so schnell, wie sie hereingekommen war, in den Park zurück. Nur noch etwa zwanzig Spieler blieben sitzen.

Und da geschah das Unglaubliche. Genau eine Viertelstunde nachdem der Regen vorbei war. Der kleine Doktor würde sich später vorwerfen, dass er nicht aufmerksamer das Spiel des Mädchens verfolgt hatte. Gewann sie? Verlor sie? Aber was hatte das schon zu sagen, da es sich schließlich um unbedeutende Summen handelte! Jedenfalls setzte sie zweimal auf die Vier, und dann …

Sie hatte den Platz gewechselt. Einen Augenblick hatte er gefürchtet, sie zu verlieren. Er war bereit, ihr überallhin zu folgen, nur um der Freude willen, sie weiter zu betrachten. Eins allein fürchtete er: sie auf einen jungen Mann zugehen zu sehen, den sie unterhakte und zu dem sie ganz selbstverständlich sagte:

»Liebling …«

Aber nein, sie blieb im Saal. Sie ging um den Tisch herum. Jetzt stand sie hinter der dicken Frau, die verbissen spielte und weitere Banknoten aus ihrer mit falschen Perlen besetzten Tasche genommen hatte.

Jean Dollent runzelte die Stirn. Hatte er tatsächlich einen ganz besonderen Instinkt? Er *spürte*, dass sich etwas vorbereitete. Das Mädchen warf seltsam gleichgültige Blicke in die Runde, und dann …

Beinahe wäre er wütend geworden. Nein. Das ging nicht. Außerdem: So naiv, so ungeschickt, so dumm konnte man doch gar nicht sein. Die unangenehme dicke Dame saß links vom Croupier. Sie verfolgte die Kugel mit den Augen.

Unmöglich, nicht die Hand des Mädchens zu bemerken, die sich dicht an sie heranschob und ein paar Geldscheine ergriff.

Er hätte das Mädchen am liebsten geschlagen. Man stiehlt doch nicht, wenn man so hübsch, so frisch ist, so unschuldig aussieht?

»Und wenn Sie schon stehlen, Mademoiselle, dann stellen Sie es wenigstens geschickter an!«

Das hätte er ihr am liebsten ins Gesicht geschrien.

Natürlich gab es einen Eklat. Die alte Dame starrte auf die Hand voller Hundert-Franc-Scheine und schrie auf. Der Croupier brauchte nicht einmal den Platz zu wechseln, um diese sündige Hand zu packen und die Täterin buchstäblich in flagranti zu ertappen. Die Leute am Tisch riefen:

»So etwas! … So etwas aber auch!«

Ohne die Hand loszulassen, sagte der Croupier zu seinem Kollegen:

»Rufen Sie bitte den Inspektor.«

Aber das Ungeheuerlichste war das Gesicht des Mädchens in Blau. War sie sich dessen bewusst, was sie getan hatte? War sie sich über ihre Lage im Klaren? Begriff sie, dass sie sich wegen nichts und wieder nichts in Schimpf und Schande gebracht hatte?

Es fehlte nur noch, dass sie gelächelt hätte. Sie war nicht rot geworden. Sie seufzte bloß und deutete mit dem Kinn auf ihr Handgelenk.

»Sie tun mir weh.«

Und da … Der kleine Doktor merkte gar nicht, was er tat, noch war er sich der möglichen Folgen seines Tuns bewusst. Er drängte sich zwischen den Leute hindurch, stürzte auf den Croupier und den hereinkommenden Inspektor zu.

»Messieurs, verzeihen Sie …«

Man blickte ihn erstaunt an, und da wurde er rot, weil sich alle Blicke auf ihn richteten.

»Das alles ist meine Schuld … Es ist ein Scherz, ein übler Scherz, ich gebe es zu …«

Er hatte nur ein paar Sekunden, um eine plausible Geschichte zu erfinden, aber hatte man nicht in solchen Fällen die besten Eingebungen? Man hörte ihm zu, das war schon etwas. Die Aufmerksamkeit hatte sich von dem Mädchen abgewandt und auf ihn gerichtet.

»Vorhin … Ich habe mit dem Fräulein gesprochen … Wir sprachen über die anwesende Dame. Ich behauptete, sie sei leichtsinnig … Verzeihen Sie, Madame. Das Fräulein dagegen versicherte, sie passe genau auf und sei kaltblütig … ›Ich wette‹, habe ich gesagt, ›Sie können ihr die Hälfte des Geldes, das vor ihr liegt, wegnehmen, ohne dass sie es merkt.‹«

Die Leute waren überrascht, neugierig, wussten nicht, ob sie das glauben sollten, und er zog nervös seine Karte aus der Brieftasche und reichte sie dem Inspektor:

»Doktor Jean Dollent aus Marsilly … Bringen Sie mich bitte zum Direktor, er kennt mich … Dieses Mädchen hat nur ein törichtes Spiel gespielt, zu dem ich sie, noch törichter, verleitet habe.«

»Bitte hier entlang.«

Die Croupiers waren froh, dass der Zwischenfall damit erledigt war, und setzten das Spiel fort. Wieso vergaß man das Mädchen? Als man vor der Tür des Direktors anlangte, merkte man, dass sie unter den Spielern geblieben war, als ob sie diese Geschichte gar nicht beträfe.

»Sie brauchen sich ihretwegen keine Sorgen zu machen. Sie werden sehen, der Direktor …«

Dollent kannte ihn tatsächlich, denn er hatte seinen jüngsten Sohn behandelt. Er spielte seine Komödie noch einmal, gab sich beschämt, und als die dicke Dame hereinkam, die sich von dem Schreck noch nicht ganz erholt hatte, schmeichelte er ihr, was das Zeug hielt, entschuldigte sich, sagte, ihm sei unbegreiflich, wie er so habe handeln können, zumal einer so vornehmen Dame gegenüber …

Er wollte rasch fort von hier. Seine einzige Angst war, dass er das Mädchen nicht wiederfinden würde. Bestimmt würde sie seine Abwesenheit nutzen, um zu verschwinden.

»Gestatten Sie mir, Madame, Ihnen als Zeichen meiner Reue eine Schachtel Konfekt zu schicken?«

Erleichtert darüber, dass ein Skandal abgewendet worden war, sagte der Direktor:

»Ich kann Ihnen versichern, Doktor Dollent ist ein ehrenwerter Mann, und er bedauert diesen Dumme-Jungen-Streich aufrichtig.«

Sie war nicht mehr da.

»Natürlich!«, murmelte er vor sich hin.

Wie sollte er sie hier wiederfinden, unter einigen Tausend Menschen, die sich am Strand und im Kasino vergnügten?

Er benahm sich wie ein Gymnasiast, der seine Cousine verloren hat. Er lief hin und her, und sobald er einen hellblauen Fleck in der Menge sah, stürzte er darauf zu.

Im Kasino: nichts. Im Park: nichts. Fast eine Stunde war vergangen. Ihm war heiß. Sein steifer

Kragen begann schon weich zu werden, als er auf der Promenade das hellblaue Kleid friedlich auf einer Bank sitzen sah.

Man hätte glauben können, das Mädchen habe nichts anderes im Kopf, als den Sonnenuntergang zu bewundern. Sie saß da, als könnte sie kein Wässerchen trüben, und sah auf das Meer, das sich violett färbte. Auf einer anderen Bank saß die stark geschminkte alte Dame, die Dollent angerempelt hatte, und beobachtete die Passanten.

Es half nichts, auch wenn sie ihn herunterputzen würde. Er eilte auf die erste Bank zu, die, auf der das Mädchen saß, und stammelte:

»Entschuldigen Sie, dass ich mich eingemischt habe, aber ich fand es unstatthaft, dass ein Mädchen wie Sie …«

Sie wandte den Kopf ab, und er wurde rot, vielleicht vor Wut.

»Ich weiß, Sie haben mich nicht darum gebeten, und in Ihren Augen bin ich wohl so etwas wie ein Don Quichotte … Trotzdem, ohne mein Eingreifen wären Sie jetzt auf dem Polizeirevier, und Ihre Eltern …«

Sie blickte immer noch zur anderen Seite, wie eine anständige Frau, die von einem dahergelaufenen Flegel belästigt wird. Sie ließ sich nicht herab, ihm zu antworten. Es war, als hätte er ins Leere gesprochen.

»Bedenken Sie bitte, Mademoiselle, dass ich Sie nicht nach Ihrem Namen gefragt habe und dass ich nur aus ...«

Ihm fiel auf, dass sie ungeduldig den rechte Fuß bewegte, aber es war ihr Nacken, auf den er starrte, ein wunderbar geschwungener Nacken mit ein paar verwegenen Härchen darauf, die er am liebsten geküsst hätte.

»Finden Sie nicht, dass ich, wenn schon nicht Dankbarkeit, so doch wenigstens etwas mehr Höflichkeit verdient habe? Ich habe mich Ihretwegen lächerlich gemacht, und wenn meine Patienten in Marsilly erfahren ...«

Sie schien zu lächeln, aber da er nur ihr Profil sah, konnte er es nicht mit Sicherheit sagen.

Er wurde wütend. Er spürte, dass er sich noch nie in seinem Leben so lächerlich gemacht hatte und nun drauf und dran war, sich noch lächerlicher zu machen. Die alte geschminkte Dame auf der anderen Bank erhob sich und trat zu ihnen.

Sicherlich eine alte Engländerin, dachte Dollent, ihre nervöse Gestalt musternd.

Sie blieb vor dem Mädchen stehen und sagte:

»Sie wissen genau, Lina, ich habe Ihnen verboten, mit fremden jungen Männern zu sprechen. Gehen Sie nach Hause!«

Den Doktor bedachte sie mit einem verächtlichen Blick. Das Mädchen – Lina also – stand auf und ging achselzuckend davon, gefolgt von dem geschminkten Drachen.

Ihre Mutter? Ihre Tante? Eher eine Gouvernante, entschied er. Ein Anstandswauwau, wie man ihn Mädchen mitgibt, wenn die Eltern sie nicht in die Ferien begleiten können.

Wo war dieser Anstandswauwau während des Zwischenfalls am Spieltisch gewesen? Dollent hatte die Alte dabei nicht gesehen. Allerdings war er zu sehr mit dem Mädchen und der anderen Alten beschäftigt gewesen, der Dicken, die man bestohlen hatte.

»Nun, mein Lieber, lass es dir eine Lehre sein.«

Denn es war eine Lehre, und zwar eine sehr gute. Wenn er sich noch einmal in Dinge einmischte, die ihn nichts angingen …

Das Mädchen und die Gouvernante entfernten sich auf der Promenade. Er würde ihnen nachgehen. Er konnte nicht anders. So vieles lag ihm noch auf dem Herzen.

Als er sich von der Bank erhob, senkte er unwillkürlich den Blick. Die Bank stand auf feinem Sand, und in den Sand hatte Linas spitzer Schuh, während er mit ihr sprach, ein Wort, nur ein einziges, gezeichnet:

Dummkopf!

»Hallo! … Marsilly? … Hallo! Sind Sie's, Anna? … Hier Doktor Dollent. Ich möchte Ihnen nur sagen, dass ich nicht zum Abendessen komme … Nein. Vielleicht bleibe ich auch die Nacht weg … Hallo! … Was sagen Sie? … Aber ja doch, Sie haben etwas gesagt. Ich habe es deutlich gehört … Was kann es Ihnen schon ausmachen, wenn ich nicht komme? Ich meine das ernst, hören Sie? Und Ihre Anspielungen sind mir zuwider … Hallo! … Wenn ich morgen noch nicht wieder da bin … Genau, es ist durchaus möglich, dass ich morgen nicht zurückkomme. Rufen Sie dann Doktor Magné an. Sagen Sie ihm, ich sei verhindert, und falls es Notfälle gibt, möge er sich darum kümmern … Ich werde mich dafür revanchieren. Wenn er Sie fragt, sagen Sie, ich sei durch eine Familienangelegenheit festgehalten … Nein, Sie müssen ihm nicht sagen, dass ich in Royan bin …«

Es war acht Uhr, als er dieses Gespräch in der Telefonkabine des Hôtel Métropole führte, eines jener komfortablen Hotels, die sich nicht mit einem »Palace« im Namen schmücken und vor allem von Familien besucht werden, die es gerne gemütlich haben. Von der Halle aus sah man den großen Speisesaal mit den vielen kleinen Tischen, und auf jedem brannte eine kleine Lampe mit einem Schirm aus rosa Seide.

An einem der Tische saßen Lina und ihre Gouvernante.

»Haben Sie ein Zimmer für mich?«

»Ja, aber keins mit Meerblick, Monsieur. Die sind alle besetzt, aber wir werden Sie schon unterbringen … Essen Sie hier zu Abend?«

Natürlich aß er dort zu Abend, und zwar so nah wie möglich bei den beiden Frauen!

Aber nicht, weil er verliebt war. Er war es vielleicht noch, doch jetzt hatte er auch noch andere Gründe. Ihm war plötzlich etwas aufgegangen, genau wie beim Fall Maison-Basse. Wie hatte er die Zusammenhänge des Dramas in Esnandes entdeckt, während Polizei und Staatsanwaltschaft im Dunkeln tappten?

Eine erste Wahrheit, ganz einfach: Man hatte ihn um halb eins nicht von dort anrufen können, weil zu der Zeit das Telefon in Esnandes außer Betrieb war.

Alles Übrige hatte sich dann wie von selbst ergeben.

Und hier schien es fast ebenso einfach zu sein. Es hatte gedonnert und stark geregnet!

»Wenn man annimmt, dass ein Mädchen die Absicht hat, in einem Spielsaal zu stehlen …«

Wie bei dem anderen Fall versuchte er sich an die Stelle der Beteiligten zu versetzen. In einem Spielsaal, in dem sich nur etwa dreißig Personen aufhalten, kann man schwerlich unbemerkt einen Diebstahl begehen.

Wenn dagegen ein Gewitter ausbricht und es einen heftigen Guss gibt, müssen die Leute von draußen im Spielsaal Zuflucht suchen. Es sind keine Spieler. Sie blicken zur Tür, sie warten auf das Ende der Sintflut, zusammengedrängt, sodass man den Einzelnen gar nicht wahrnimmt.

»Und in so einem Augenblick würde ich stehlen«, entschied der kleine Doktor.

Aber Lina hatte sich den ruhigsten Moment ausgesucht, um ihre Wahnsinnstat zu begehen, fünf Minuten später, als der Saal fast leer war.

Warum? Was hatte sie daran gehindert zu stehlen, als es möglich war? Was hatte sie dazu getrieben, es zu tun, als es praktisch unmöglich war?

Lina aß, ohne ihn anzusehen, mit Widerwillen, wie die meisten Mädchen. Die Gouvernante mit dem spitzen Kinn dagegen, die ihr gegenübersaß, verschlang das rote Fleisch geradezu.

Es war schwer, in dem heiteren Tumult im Speisesaal etwas Auffallendes zu bemerken, und doch sah der kleine Doktor nach ein paar Minuten, dass an einem Tisch, dem des Mädchens genau gegenüber, anders als an den meisten Tischen, nur ein Gast saß.

»Fünfunddreißig Jahre? Vierzig?«, fragte sich Dollent ein wenig neidisch.

Er hatte immer bedauert, so klein und mager zu

sein. Der Unbekannte war groß und breitschultrig. Sein Gesicht war braun gebrannt, und er war bestimmt einer von denen, die zur Badezeit so weit hinausschwimmen, dass man vom Strand aus nur noch den weißen oder roten Punkt ihrer Badekappe sieht.

»Ich wette …«

Und tatsächlich, er täuschte sich nicht. Er musste nur ein wenig Geduld haben, um zu bemerken, dass Lina, als sie sich unbeobachtet glaubte, den anderen lange anblickte.

Und dass der, vor Freude ganz aus dem Häuschen, den Blick erwiderte, allerdings zehnmal glühender, und sich dann über seinen Teller beugte.

Was hatte Dollent jetzt noch hier zu suchen? Musste man ihn nicht für aufdringlich halten, für jemanden, der sich umso lächerlicher machte, da man ihn nicht an den Tisch gebeten hatte?

Nach dem Essen verschwanden Lina und ihre Gouvernante im Fahrstuhl, während der junge Mann in der Halle eine Zigarette rauchte und dann in die Hotelbar ging.

»Wer ist das?«, fragte Dollent den Portier.

»Sie kennen ihn nicht? Das ist Bernard Villetan, Sohn des Kugellagerfabrikanten Villetan. Vielfacher Sieger im Motorbootrennen. Erst heute Nachmittag hat er wieder ein Rennen gewonnen … Er kommt jedes Jahr her.«

Kein Wunder, wenn man der Sohn eines reichen Industriellen und ein Champion im Motorbootrennen ist … Worauf wartete der kleine Doktor noch? Warum verschwand er nicht und räumte seinen Platz?

»Ich möchte Sie noch etwas fragen … Das Mädchen … hm … das Mädchen in Hellblau. Sie wissen wohl, wen ich meine?«

»Mademoiselle Lina?«

Der Portier zwinkerte und fragte maliziös:

»Die hat's Ihnen angetan, was?«

»Ja, das kann man sagen.«

»Mir auch, aber da ist die Gouvernante, Mademoiselle Esther … Ein richtiger Drachen, und sollte ihr etwas auffallen …«

»Wer ist Mademoiselle Lina?«

»Ich weiß leider nichts über sie. Sie ist zum ersten Mal hier. Seit einem Monat wohnt sie im Hotel. Ihr Familienname … Moment …«

Er sah im Register nach.

»Grégoire. Lina Grégoire aus Paris. Ihr Vater ist ebenfalls Industrieller oder Großkaufmann, darum kann er sich eine englische Gouvernante für sie leisten.«

»Wissen Sie, wie alt sie ist?«

»Einen Moment … Neunzehn …«

»Ich danke Ihnen.«

Fünf Franc Trinkgeld. Das war vielleicht nicht

viel, aber der kleine Doktor war nicht reich. Sein Vater war nicht Kugellagerfabrikant, und er hatte keine englische Gouvernante gehabt, mit der er seine Ferien in einem der besten Hotels von Royan verbrachte.

Der kleine Doktor war traurig. Er sehnte sich nach seinem Haus in Marsilly, aber er zögerte heimzukehren, wegen Anna, die sich über ihn mokieren und sicherlich triumphierend sagen würde:

»Nun, Herr Doktor, hat es nicht so geklappt, wie Sie wollten?«

Er ging wieder ins Kasino, sah dort aber weder Lina noch den Industriellensohn. Er setzte fünfzig Franc und verlor sie, während der Croupier ihn schief ansah und auf die Handtaschen der Damen aufpasste.

Dann ging er zurück ins Hotel und legte sich schlafen.

Es war nur noch ein Zimmer unterm Dach frei gewesen, in dem sonst gewiss jemand vom Personal schlief. Er schloss die Tür ab, öffnete das Fenster, löschte das Licht und versuchte einzuschlafen.

Da der Diebstahl, sagte er sich immer wieder, nur in dem durch das Gewitter und den Regen bewirkten Gedränge möglich gewesen wäre …

Er hielt an seiner Idee fest. Weil es ihm einmal gelungen war, eine Idee beharrlich bis zum Ende zu verfolgen, gab es keinen Grund, dass …

Leider hatte er aber einen Fehler begangen. Beim Fall Maison-Basse hatte er viel getrunken, ohne es zu wollen. Diesmal hatte er absichtlich getrunken, um in Schwung zu kommen, und ehe er in sein Zimmer hinaufging, hatte er an der Bar noch einen Whisky gekippt, er, der sonst nie Whisky trank. Das machte ihn seltsam schläfrig. Er schlief zwar nicht, aber wirklich wach war er auch nicht. Lange ärgerte ihn eine Mücke und dann ein leises Geräusch, das er sich nicht erklären konnte; es klang wie das Kratzen einer Maus irgendwo in einer Ecke des Zimmers.

Warum hatte diese Lina …

Plötzlich fuhr er hoch. Er war sicher, die Maus war dort bei dem Tisch. Er tastete nach dem Lichtschalter, fand ihn aber nicht gleich und verlor so ein paar Sekunden. Endlich glückte es ihm, er drückte den weißen Knopf, und es wurde hell im Zimmer.

Nichts! Keine Maus! Das Fenster stand immer noch offen, und der Himmel war hell. Auf seiner Uhr war es zwei Uhr morgens. Geschlafen hatte er bestimmt nicht, höchstens ein bisschen gedöst. Er hätte gern ein Glas Wasser getrunken. Vor dem Zubettgehen hatte er seine Jacke (er ging mit seinen Sachen sorgfältig um, denn er besaß nur zwei Anzüge) über die Lehne eines Stuhls gehängt.

Aber am Revers der Jacke war jetzt etwas Weißes zu sehen, ein Zettel, mit einer Nadel festgesteckt.

Irgendjemand war also hereingekommen, während er im Bett lag, und hatte das kaum hörbare Geräusch einer herumhuschenden Maus gemacht.

Durch die Tür hatte die Person nicht hereinkommen können, denn die war abgeschlossen, noch dazu war der Riegel vorgeschoben. Und um durchs Fenster einzusteigen …

Er beugte sich hinaus. Das Zimmer lag im fünften Stock. Wer hier hineinwollte, musste ein gefährliches Kletterkunststück vollbringen, sich an der Regenrinne hochziehen.

Immer noch im Hemd, denn er hatte keinen Pyjama mitgenommen, ging er zu dem Stuhl, über dem seine Jacke hing, und las, was in Druckbuchstaben auf dem Zettel stand:

Wenn Sie sich weiter in Dinge einmischen, die Sie nichts angehen, wird Ihnen ein Unglück zustoßen. Wenn Sie dagegen brav nach Hause zurückkehren, werden Sie ein hübsches Geschenk bekommen.

Natürlich keine Unterschrift! Aber das Unheimlichste war, dass, wer immer das geschrieben hatte, vor wenigen Minuten hier hatte eindringen können, ohne Lärm zu machen, und seine Anwesenheit nur durch ein dem Kratzen einer Maus gleichendes Geräusch verraten hatte!

Plötzlich bemerkte der kleine Doktor auf dem Nachttisch einen Telefonapparat, und da fiel ihm ein, dass es hier in allen Zimmern Telefon gab.

»Hallo! Verbinden Sie mich bitte mit Mademoiselle Lina Grégoire.«

Es läutete dreimal. Schließlich sagte eine ganz verschlafene Stimme:

»Hallo! Wer ist da?«

Er legte wieder auf und rief die Gouvernante an. Eine kühlere Stimme, mit starkem englischem Akzent.

»Hallo ...«

Wieder legte er auf.

»Verbinden Sie mich bitte mit Monsieur Bernard Villetan.«

Keine Antwort. Er rief die Telefonistin an und fragte dann den Portier:

»Ist Monsieur Villetan nicht im Hotel?«

»Er ist immer noch in der Bar. Wenn Sie möchten, dass ich ihn rufe ... Aber ich will Ihnen lieber gleich sagen, er hat mit den Herren vom Motorbootclub seinen Sieg gefeiert, und im Augenblick ...«

»Ich danke Ihnen.«

Ein Unglück oder ein hübsches Geschenk?

Keine Frage! Er blieb. Und die ganze Nacht träumte er, er sei damit beauftragt, die vor einer alten Glücksspielerin liegenden Geldscheine zu stehlen, und überlege, wie er das am besten bewerkstelligen könne.

Konnte er ahnen, dass währenddessen wenige Meter von ihm entfernt ein Verbrechen begangen wurde?

11

Während die einen durchs Fenster einsteigen, verlassen andere auf dem gleichen Weg unfreiwillig das Zimmer

Um sechs Uhr morgens, als er schon gut eine Stunde mit offenen Augen im Bett lag, befand der kleine Doktor, dass die Zeiger seiner Uhr sich aufreizend langsam bewegten. Er sprang aus dem Bett und beschloss:

»Ich werde jetzt schwimmen gehen.«

Er hatte kein Badezeug mit, nicht das kleinste Gepäckstück bei sich. Er musste sich einen viel zu großen Bademantel vom Hotel umhängen, war aber überzeugt, dass er sich am Strand eine Badehose würde leihen können. Und da er zu dieser Morgenstunde fast allein dort sein würde, spielte es keine Rolle, ob sie ihm passte oder nicht.

Pfeifend ging er die Treppe hinunter, denn morgens war er immer guter Laune, besonders wenn die Sonne die Farbe von Champagner hatte wie an diesem Morgen. Er wäre fast über eine Putzfrau gestolpert, die die letzten Stufen wischte, und als er durch die Halle ging, rief jemand:

»He, Dollent!«

Es war Ricou, ein Studienfreund, der sich in Royan niedergelassen hatte. Wie es sich für einen braven Kleinstadtarzt gehörte, trug er schon zu dieser frühen Stunde einen steifen Kragen, ein schwarzes Jackett und eine gestreifte Hose.

»Wohin gehst du?«, fragte er.

»Ins Wasser … Und du?«

»Die Direktion des Hotels hat mich vor einer halben Stunde angerufen. Ein blöder Unfall …«

Jean Dollents kleine Augen blitzten auf; es war, als ob sein Blick sich schärfte wie ein frisch gespitzter Bleistift.

»Erzähl …«

»Ein Mann, der heute Nacht zu lange in der Bar gesessen und dann das Geländer seines Balkons für sein Bett gehalten hat. Ein Wunder, dass er mit dem Leben davongekommen ist. Er ist aus dem dritten Stock hinuntergestürzt, zunächst auf die Pergola gefallen, dann auf die Terrasse und hat keinen Mucks mehr von sich gegeben. Erst um fünf Uhr früh haben die Putzfrauen ihn gefunden.«

»Schädelbruch?«

»Nicht mal das. Ich habe ihn ins Krankenhaus Chevrel bringen lassen. Er wird dort ein paar Wochen liegen müssen und wird noch einige Zeit daran zu laborieren haben.«

»Kennst du seinen Namen?«

»Bernard Villetan, der Sohn des Kugellagerfabrikanten. Er hat gestern Nachmittag irgendein Rennen gewonnen.«

Zugegeben, bei dem Gedanken an den schönen Mann von gestern konnte der kleine Doktor nicht umhin, nachdenklich zu murmeln:

»Und du sagst, er wird einige Zeit daran zu laborieren haben?«

»Kennst du ihn?«

»Nur ganz flüchtig. Übrigens, was hatte er an?«

»Eine Smokinghose und ein weißes Hemd. Kragen und Fliege hatte er schon abgelegt und auch seine Schuhe ausgezogen. Er war barfuß.«

Der andere war erstaunt, als der kleine Doktor, ohne etwas zu sagen, kehrtmachte und wieder die Treppe hinaufging.

Der Hoteldirektor lief ihm nach.

»Einen Augenblick, Monsieur Dollent. Ich möchte Sie um Diskretion bitten. Unsere Gäste brauchen nicht zu erfahren, was heute Nacht passiert ist. Gewiss, wir können nichts dafür, aber solche Vorfälle sind immer schädlich für ein Hotel.«

»Sind Sie sicher, dass er barfuß war?«

»Absolut sicher.«

»Woraus besteht der Boden des Balkons?«

»Aus Beton, wie bei allen unseren Balkons.«

»Danke.«

Wenn Bernard Villetan barfuß und der Boden des

Balkons aus Beton war … Nun, sich immer an die Stelle der anderen versetzen … Man kommt in sein Zimmer zurück. Wenn man angesäuselt ist und Luft schöpfen will, legt man vielleicht Fliege und Kragen ab und seine Smokingjacke, ehe man sich ans Balkongeländer lehnt … Aber man zieht nicht Schuhe und Strümpfe aus!

Kaum war der kleine Doktor auf seinem Zimmer, nahm er den Telefonhörer ab, denn er hatte etwas zu fragen vergessen.

»Verzeihung, Herr Direktor. Ich noch mal. War sein Bett zerwühlt?«

»Das Bett war nicht zerwühlt.«

Also war dieser Bernard, dieser, um wirklich sympathisch zu sein, viel zu schöne, zu gut gebaute, zu reiche Knabe, gerade dabei gewesen, sich auszuziehen.

»Er hat ein Geräusch auf dem Balkon gehört und ist hinausgegangen, um nachzusehen«, entschied der kleine Doktor.

Es sei denn … War nicht in derselben Nacht jemand an der Fassade hochgeklettert und bei Jean Dollent eingedrungen? Wenn das nun gerade Bernard gewesen war und wenn Bernard bei seinem akrobatischen Kunststück eine falsche Bewegung gemacht hatte …

Der kleine Doktor zog sich an, rasierte sich aber nicht, denn er hatte keinen Rasierapparat bei sich.

Und mit seinen Bartstoppeln wirkte er ein wenig wie ein politischer Flüchtling, zumal sein Anzug nie perfekt gebügelt war.

Behutsam verfolgte er seine Idee. Er verfolgte sie noch beim Frühstück in der Halle an einem der Korbtische. Aber es fiel ihm dort viel schwerer, weil ihm gegenüber das Mädchen in Blau mit seiner englischen Gouvernante Platz genommen hatte. Lina aß Croissants, die sie in Schokolade tunkte, während die Engländerin mit dem spitzen Kinn, die schon in allen Farben des Regenbogens geschminkt war, eine große Portion Rührei mit Schinken verschlang.

Das Wetter war herrlich. Das Hotel frisch durchlüftet, die Atmosphäre heiter. Die meisten Gäste brachen bereits zum Strand auf oder zu den Tennisplätzen.

Der kleine Doktor genoss wieder das prickelnde Gefühl, eine Spur zu verfolgen, die Menschen und die Dinge nicht so zu sehen, wie jeder sie sieht, sondern aus der Kulisse.

Nicht ein einziges Mal blickte das Mädchen in Blau ihn an. Er dagegen, von einer seltsamen Ungeduld erfüllt, verschlang sie eine gute Viertelstunde lang mit den Augen.

Was stimmte da nicht? Was störte? Er empfand ein vages Unbehagen. Sie war hübsch, mehr als hübsch. Ja, fast zu hübsch, fand er, zu vollkommen.

Das war es. Vollkommenheit gibt es nur selten, wenn überhaupt. Kein Baby ähnelt den schönen Puppen, und immer ist in Wirklichkeit etwas nicht vollkommen.

Aber bei Lina war es anders: Das Kleid saß perfekt, ihre Züge waren regelmäßig, ihr braunes Haar tadellos frisiert. Nicht der kleinste Makel. Sie blickte auf, und man sah ihre herrlichen unschuldsvollen Augen, die an jene vollkommenen Luxuspuppen erinnerten, an die er gerade gedacht hatte … Selbst beim Essen, einer wahrhaft prosaischen Beschäftigung, behielt sie dieses Engelhafte.

Sie hat in genau dem Augenblick gestohlen, als sie mit großer Sicherheit geschnappt werden musste …

Die alte Engländerin musterte ihn. Manchmal schien ihm fast, sie werde ihn gleich anlächeln.

»Sagen Sie, Portier, wissen Sie, was diese Dame oder dieses Fräulein am Vormittag machen?«

»Für gewöhnlich setzen sie sich unter einen Sonnenschirm am Strand, wie alle anderen auch. Sie blättern in Illustrierten …«

»Gehen sie schwimmen?«

»Die Gouvernante nie. Das Mädchen dagegen immer gegen elf Uhr.«

Er war beruhigt. Jetzt wusste er, wo er sie finden würde. Aber zunächst einmal ging er in die verlassene Bar, wo Jef, der Barmann, gerade aufräumte.

»Geben Sie mir bitte einen Portwein.«

War es seine Schuld, dass man bei einer Untersuchung unaufhörlich trinken musste?

»Sagen Sie mal ... Bernard Villetan war gestern Abend ein wenig angeheitert, nicht wahr?«

»Ja, er war ziemlich beschwipst ... Er wollte um keinen Preis schlafen gehen. Um ein Uhr sind seine Freunde gegangen, und ich wollte die Bar schließen, aber er ist geblieben. Immer wieder verlangte er von mir einen letzten Whisky. Jedes Mal schwor er, es sei der allerallerletzte ... Zugegeben, er verträgt wirklich einiges. Jeder andere würde da ...«

»Wann wurde ihm ein Brief gebracht?«

»Warum fragen Sie das?«

»Nur so eine Idee ...«

Und der kleine Doktor nahm eine gewisse Bewunderung im Blick des Barmanns wahr.

»Er hat keinen Brief bekommen, aber er hat einen geschrieben ... Wie haben Sie das nur erraten?«

»Trinken Sie ein Glas mit mir ... Sie sagen, er hat einen Brief geschrieben. Wann war das?«

»Gegen zwei Uhr morgens. An der Art, wie er trank, merkte ich, dass ihn etwas bedrückte. Ich habe ihn gefragt:

›Ärger, Monsieur Bernard?‹

Sie müssen wissen, er ist ein Stammgast.

›Mehr als Ärger‹, hat er geantwortet.

›Nun‹, habe ich gesagt, ›dann sind Sie verliebt.‹

›Eben, und das ist nicht komisch!‹

›Aber Sie sind doch kein Mann, zu dem die Frauen grausam sind …‹

An seinem Blick habe ich deutlich gemerkt, dass es ernster war, als ich vermutet hatte.

›Reden wir nicht mehr davon‹, sagte er. ›Und nun noch ein letzter Whisky.‹

Und dann nahm er eine Zeitung, die auf der Theke lag, und las sie wie jemand, der unbedingt an etwas anderes denken will … So wie man beim Friseur oder im Wartezimmer des Zahnarztes eine Zeitung von der ersten bis zur letzten Zeile liest, selbst die Anzeigen …«

Die Augen des kleinen Doktors waren ganz klein geworden.

»Also, Jef, er las, er trank, und dann … Geben Sie mir noch einen Portwein.«

»Genau wie er!«, sagte der Barmann verwundert.

»Was meinen Sie damit?«

»Dass er plötzlich den Kopf gehoben hat. Er war auf einmal ganz verändert. Er hatte eine Idee. Er sah mich an, ohne mich zu sehen, und sagte:

›Einen Whisky.‹

Er schwor nicht mehr, es sei der letzte. Er dachte gar nicht mehr darüber nach. Er suchte etwas auf den Tischen und hat schließlich nervös Briefpapier verlangt.«

»Um zwei Uhr morgens?«

»Es war mindestens so spät. Ich muss hinzufügen, es war kein sehr schöner Anblick. Er war zwar nicht eigentlich betrunken, aber er hatte einen sitzen … Vielleicht hätte er noch mit Mühe aufrecht gehen können. Aber schreiben! Ich sah ihn zögern … Er malte ganz große und ganz kleine Buchstaben auf das Blatt und schob dabei die Zungenspitze heraus wie ein kleiner Junge, der seine Schularbeiten macht.«

»Und hat er Ihnen den Brief gegeben, damit Sie ihn in den Kasten warfen?«

»Nein, er hat ihn mitgenommen.«

»Hat er das Hotel verlassen?«

»Auch nicht. Er ist hoch in sein Zimmer, nachdem er mir gesagt hat, ich soll alles auf seine Rechnung setzen.«

»Hat er den Fahrstuhl benutzt?«

»Nein. Die Treppe. Sein Zimmer ist im dritten Stock.«

Und das der jungen Dame in Blau war im zweiten.

»Erinnern Sie sich, was für eine Zeitung er gelesen hat?«

»Ach, es ist wirklich zu dumm … Wenn Sie doch eine halbe Stunde früher gekommen wären, ehe ich mit Aufräumen und Putzen begonnen habe. Jetzt habe ich alle Zeitungen, die hier rumlagen, in einen Eimer geworfen.«

»Können Sie sie rausholen?«

In den Augen des Barmanns blitzte es amüsiert auf.

»Wissen Sie, die sind nicht gerade sauber, ich habe sie mit Olivenkernen, Erdnussschalen und Zigarettenkippen hineingeworfen … Aber wenn Sie möchten, dann …«

Es waren alle möglichen Blätter, englische und französische, Zeitschriften und Illustrierte.

»Versuchen Sie sich zu erinnern, Jef. War die Zeitung groß? War es eine Illustrierte?«

»Warten Sie … Monsieur Bernard saß auf diesem Hocker. Ich erinnere mich, dass der Shaker vor ihm stand und ich die Zeitung hochheben musste, weil ich ihn brauchte. Es war eine englische Zeitung. Ja, bestimmt. Eine ziemlich dicke.«

Drei englische Zeitungen, so dick wie Magazine, waren in dem Haufen, und der kleine Doktor seufzte, als er sie sich unter den Arm klemmte.

Sich an die Stelle anderer versetzen … Bernard trinkt mit seinen Freunden und feiert seinen sportlichen Triumph, aber er weigert sich, zur selben Zeit wie sie zu Bett zu gehen. Er ist düsterer Stimmung und fast will er, weil niemand anders mehr da ist, dem Barmann sein Herz ausschütten.

Aber in dem Augenblick denkt er noch nicht daran, einen Brief zu schreiben!

Um diesen Brief zu schreiben, bedarf es eines

Grundes. Um zwei Uhr morgens gibt es diesen Grund noch nicht.

Von da an spricht er mit niemandem mehr, und niemand spricht mit ihm. Dagegen liest er wie beim Friseur, wie der Barmann sagt, eine Zeitung von der ersten bis zur letzten Zeile.

Die Zeitung also hat ihn auf die Idee gebracht, einen Brief zu schreiben, und zwar umgehend.

»Verzeihung, Herr Direktor, ich bin es schon wieder …«

Diesmal runzelte der Hoteldirektor die Stirn. Der kleine Doktor ging ihm wohl langsam auf die Nerven.

»Man hat den Verletzten doch sicherlich ausgezogen, ehe man ihn in den Krankenwagen trug … Sie waren dabei … Wenn er einen Brief bei sich hatte, einen Brief mit dem Briefkopf des Hotels, wäre der Ihnen doch gewiss aufgefallen?«

»Da war kein Brief«, antwortete der Direktor.

Er hoffte, damit wäre die Sache erledigt, aber Dollent ließ nicht locker.

»Noch etwas. Ich nehme an, Sie waren in seinem Zimmer?«

»Ich war gerade mit dem Kommissar dort, den ich von dem Unfall in Kenntnis setzen musste.«

»Ausgezeichnet!«

Der Direktor teilte die Begeisterung des kleinen Doktors nicht.

»Sie finden das ausgezeichnet?«, erwiderte er fast bissig.

»Ich will nur sagen, wenn ein solcher Brief in dem Zimmer gewesen wäre, hätten Sie ihn bemerkt.«

»Es war keiner da.«

»Das war mir klar!«

»Warum?«

»Aus keinem besonderen Grund … Es läuft alles wie am Schnürchen, Herr Direktor. Vielleicht werde ich mein Zimmer heute Nacht noch behalten.«

Das entzückte den Hotelier ganz und gar nicht.

Bernard schreibt nach zwei Uhr morgens einen Brief in der Bar. Dann geht er hoch in sein Zimmer. Um fünf Uhr morgens findet man ihn auf der Terrasse, und der Brief ist verschwunden.

Also hat er den erreicht, für den er bestimmt war!

Also ist es dieser Brief, der …

So konnte es durchaus sein. Aber was bewies, dass der betreffende Brief auch der war, den ein Unbekannter in Dollents Zimmer gebracht hatte?

Bernard hatte erfahren, wie sich der kleine Doktor am Nachmittag verhalten hatte. Er sah ihn am Abend im Hotel, ganz in der Nähe des Mädchens in Blau … Er war eifersüchtig … Er bedrohte ihn … Er versprach ihm obendrein ein Geschenk, wenn er bereit war, das Feld zu räumen.

»So, so«, sagte der kleine Doktor vor sich hin, als

er die Promenade entlangging, seine Zeitungen unterm Arm, und die jungen Mädchen und alten Damen unter den bunten Schirmen am Strand musterte. Aber die Zeitung?

Was für eine Rolle spielte die Zeitung? Warum war der junge Mann beim Lesen einer zweiunddreißig Seiten starken englischen Zeitung auf die Idee verfallen, den zu bedrohen, den er als seinen Rivalen betrachtete?

Und so sportlich er auch war – wer hatte ihm beigebracht, an Fassaden hochzuklettern, was im Allgemeinen nur eine sehr kleine Anzahl Spezialisten vermag?

Jean Dollent hatte seinen üblichen grauen Anzug an, den, in dem er seine Visiten auf dem Land machte, und ihm war nicht gerade wohl zumute unter all den halb nackten Leuten, die den Strand bevölkerten. Er hatte das Gefühl, dass er seinen Bart wachsen spürte, dass er das Gesicht voller Stoppeln hatte.

Aber nun ja, er war nicht mehr in das Mädchen in Hellblau verliebt. Er war ein Mann, der sich ganz seiner Leidenschaft hingab, menschliche Rätsel zu lösen.

Die beiden Frauen waren da! Er war so in Gedanken, dass er fast auf das Mädchen getreten wäre, das lang ausgestreckt auf dem Bauch im gelben Sand lag. Sie trug einen Badeanzug, hellblau wie ihr

Kleid, und ließ sich Schenkel und Schultern von der Sonne bräunen.

Zwei Meter entfernt im Schatten eines rot-gelb gestreiften Schirms saß die Gouvernante in einem Liegestuhl und las … Sie las eine englische Zeitung, und zwar eine der drei Zeitungen, die der kleine Doktor unterm Arm hatte.

Sie sah ihn nicht näher kommen. Anständigerweise hätte er sich woandershin setzen müssen, denn es war genug Platz am Strand, aber er hockte sich seelenruhig knapp drei Meter von der alten Engländerin und keine zwei Meter von dem Mädchen entfernt in den Sand.

Er wirkte wie jene Leute, die zwischen zwei Zugfahrten ein paar Stunden am Strand verbringen und die darum besonders auffallen, weil sie kein Badezeug tragen wie alle anderen. Und hatte er nicht obendrein noch schwarze Schuhe an, während man sich rings um ihn auf bloßen Füßen oder in extravaganten Sandalen bewegte?

»Welche Seite liest sie gerade?«, fragte er sich.

Und beugte sich vor – wie die Zuschauer im Theater, die einem ihren Kopf fast auf die Schulter legen, um einen Blick in das Programmheft zu werfen, das man in der Hand hält.

»Seite vier … Gut!«

Er schlug die gleiche Seite auf. Selbst mit einem Wörterbuch hätte er Stunden gebraucht, um einen englischen Artikel korrekt zu übersetzen. Aber was ihn vor allem interessierte, denn Lina lag mit dem Gesicht im Sand, war der Gesichtsausdruck der Gouvernante.

Sie blickte auf. Spüren die Menschen wirklich, wenn man sie ansieht? Sie bemerkte ihn, runzelte die Stirn. Man konnte denken, sie würde gleich wütend werden, ihn anschreien, es sei ungehörig, sich direkt neben das entkleidete Mädchen zu hocken.

All diese Gefühle las er in ihren Zügen, wandte sich dann aber wieder seiner Zeitung zu. Das gab ihm Zeit, nachzudenken.

Wieder hob sie den Kopf. Schon weniger empört. Und senkte ihn dann von Neuem.

Schließlich lächelte sie ihn an, wie man manchmal Menschen anlächelt, denen man noch nicht vorgestellt worden, aber schon mehrmals begegnet ist.

Und auch der kleine Doktor lächelte – honigsüß.

III

Die Lektüre von Anzeigen kann weit führen, sogar bis zu einem Mord

Am seltsamsten fand der kleine Doktor nicht so sehr das stumme Drama, das sich hier zwischen drei Menschen abspielte, einer alten Gouvernante, einem jungen Mädchen und ihm, als vielmehr die Atmosphäre, in der es sich zutrug.

Wie viele Leute mochten am Strand sein? Tausend? Zweitausend? Vielleicht noch mehr. Und für alle war es ein sonniger Ferientag. Jeder dachte nur daran, braun zu werden, Sport zu treiben oder sich im türkisblauen Wasser zu tummeln.

Zwischen den einzelnen Gruppen liefen halb nackte Kinder herum. Sie jagten ihren Bällen nach und stießen dabei gegen die im Sand Liegenden.

Und währenddessen ging das Spiel zwischen den dreien weiter.

Wer wusste schon, wohin das führen mochte? Lag Bernard Villetan, der am Vortag noch die Menge mit dem stolzen Brummen seines Außenborders gebannt hatte, nicht einbandagiert wie eine Mumie in einem Krankenhausbett?

Die alte Gouvernante hatte gelächelt und sich wieder in ihre Lektüre vertieft. Das Mädchen in Hellblau, das wohl fand, es sei auf dem Rücken braun genug, hatte eine Bewegung gemacht, um sich umzudrehen. Dabei hatte sie den kleinen Doktor so nah bei sich entdeckt, dass sie ihn mit ausgestrecktem Arm hätte berühren können, und war zusammengezuckt, nach Lächeln war ihr nicht zumute gewesen.

Von da, wo sie saßen, konnte man das Hotel sehen – vor jedem Zimmer ein Balkon, darunter auch der berüchtigte Balkon, von dem der junge Bernard …

Was machte das Mädchen da? In den Sand zu schreiben war offenbar eine Marotte von ihr. Diesmal malte sie die Buchstaben mit dem Finger und schielte dabei zu ihrer Gouvernante hinüber. Würde es wieder eine Beleidigung sein wie am Vortag auf der Bank?

Lächelnd wartete der kleine Doktor.

Verduf…

Sie hielt einen Augenblick inne, weil die Engländerin sich bewegt hatte. Dann schrieb sie geduldig von vorn:

Verduf…

Verduften Sie!

Ein merkwürdiger Ausdruck für ein Mädchen, ein so vollkommenes Mädchen wie sie. Allerdings benutzten die jungen Mädchen von heute gern derbe Ausdrücke.

Gestern noch war er nur ein Dummkopf gewesen. Heute befahl man ihm unverblümt, zu verduften!

Und er lächelte. Reglos saß er da, seine englische Zeitung aufgeschlagen auf den Knien. Er wäre gern in den Laden gegangen, wo es Sonnenbrillen gab, denn das grelle Licht auf dem Sand tat ihm in den Augen weh.

Aber nun ja. Auf welcher Seite war die alte Dame jetzt? Seite acht … Er suchte die Seite in seiner eigenen Zeitung … Wieder Artikel in winziger Schrift mit den Namen von Politikern in den Überschriften.

Verduften Sie!

Da ereignete sich etwas ganz Unerwartetes. Eine Stimme, keine andere als die der Alten, zuckersüß, typisch für alte Engländerinnen, fragte:

»Sprechen Sie Englisch?«

Er war so überrascht, dass ihm nicht gleich eine Antwort einfiel.

»Ja … Nein … Ich habe es im Gymnasium gelernt.«

»Es ist sehr schwer, nicht wahr? Aber ich glaube, Sie beherrschen unsere Sprache. Mademoiselle Grégoire kann auch Englisch lesen, aber sie hat einen furchtbaren Akzent.«

Wirklich eine sonderbare Frau! Geradezu eine

Karikatur! Warum stand sie nicht zu ihrem Alter, da man es ihr doch ansah? Warum diese lächerliche Aufmachung, dieses altmodische Kleid, unter dem sich das Korsett abzeichnete, diese lila Strümpfe und vor allem dieses übertriebene Make-up, das sie nicht jünger machte?

Und erst dieses Lächeln! Ein klebriges Lächeln, bei dem sie trotzdem ihre lange Zähne zeigte – bereit zum Zubeißen –, von denen gut die Hälfte aus Gold war.

»Sind Sie länger in Royan?«

»Ich weiß es noch nicht.«

»Es ist mir unangenehm, dass ich mich nicht eher bei Ihnen bedankt habe. Ich habe nämlich erfahren, wie elegant und gewitzt Sie gestern im Kasino Mademoiselle Grégoires kindischen Streich ausgebügelt haben. Es ist ja wirklich nichts weiter als ein kindischer Streich gewesen, nicht wahr, Mademoiselle Lina?«

Diese hatte sich umgedreht und musterte die beiden gehässig.

»Sie sehen, wie es zu solchen Dramen kommt. Ich war einen Augenblick abwesend, und …«

Dem kleinen Doktor ging ein Licht auf, und er hätte fast gesagt:

»Das ist nicht wahr!«

Aber er sagte es nicht, sondern dachte es nur. Er sah die Szene vom Vortag wieder vor sich. Details, die er schon vergessen hatte, fielen ihm wieder ein. Und er war sicher: In dem Augenblick, da man die Täterin ertappte, hatte er das alte Fräulein zum Ausgang eilen sehen.

»Diese jungen Mädchen von heute! … Nun, das wird mir eine Lehre sein, sie fortan noch strenger zu überwachen … Bitte entschuldigen Sie, dass ich Ihnen nicht eher im Namen der Eltern von Mademoiselle Grégoire gedankt habe.«

»Sie wohnen wohl in Paris?«

»Im Augenblick sind sie in Südamerika. Sie sind viel auf Reisen, darum brauchen sie jemanden, auf den sie sich verlassen können, eine Person, die …«

»Meine Liebe«, dachte der kleine Doktor, »jetzt wirst du aber arg geschwätzig.«

Das Ganze wurde noch absurder dadurch, dass ein Paar ganz in der Nähe, das ihn von dieser Karikatur in Beschlag genommen sah, ihm zublinzelte, was bedeutete:

»Die komische Alte werden Sie nicht wieder los.«

Und tatsächlich wurde sie immer aufdringlicher.

»Sind Sie nicht zu sehr der Sonne ausgesetzt? Wollen Sie sich nicht unter unseren Schirm setzen, in den Schatten?«

»Vielen Dank … nein, wirklich nicht.«

»Royan hat einen herrlichen Strand. In England haben wir nur …«

Das Schwierigste war, schnell genug zu denken,

um sich nicht überrumpeln zu lassen, und gleichzeitig zu lächeln und eine Unschuldsmiene aufzusetzen. Zumal Lina ihn immer noch gehässig musterte. Er hatte den Eindruck, dass sie in wenigen Minuten um fünf oder sechs Jahre gealtert war.

Wo war die perfekte Puppe von vorhin? Das rosige, liebliche Mädchen, wie man es nur auf Ansichtskarten sieht?

»Sie sind Arzt, hat man mir gesagt«, säuselte die Alte.

»Ja, Landarzt.«

»Das muss sehr interessant sein …«

Warum sehr interessant, und aus welchem Grund hatte sie ihn plötzlich angesprochen? Warum schien sie ihn nicht in Ruhe lassen zu wollen, bereit, eine endlose Komödie zu spielen?

Das fragte er sich. Er spürte, er musste die Antwort sehr schnell finden, spürte, dass alles davon abhing. Er merkte auch, dass Lina ungeduldig wurde, ihn zum Teufel wünschte, ihm zu verstehen gab, je früher er sich trollte, desto besser.

»Der Herr möchte doch gewiss schwimmen gehen«, sagte sie. »Es ist jetzt Flut …«

Ein wütender Blick der Alten.

»Wenn Sie schwimmen möchten, Lina, tun Sie es, aber kümmern Sie sich nicht um die Erwachsenen …«

War das nicht komisch? Vorausgesetzt, dass man

nicht zum Hotel hinblickte, nicht unter all den anderen Balkonen den einen sah, von dem in der Nacht zuvor ein junger Mann, der so voller Leben, voller Elan war …

»Sie sind wohl nicht als Arzt hier, sondern auf Urlaub?«

»Nun ja … Wissen Sie, in unserem Beruf … Übrigens, heute Nacht wäre ich fast wegen eines Unfalls geweckt worden, der sich im Hotel ereignet hat.«

Er blickte die beiden abwechselnd an. Die Alte zuckte nicht mit der Wimper, während Lina beklommen wartete.

»Man hat nicht an mich gedacht und stattdessen einen Kollegen aus Royan gerufen. Wie durch ein Wunder ist der Mann mit dem Leben davongekommen … Aus dem dritten Stock hinunterzustürzen …«

Zwei Kinder, die angelaufen kamen und ihn fast umstießen, hinderten ihn daran, die Wirkung seiner Worte festzustellen. Er hörte aber die Engländerin sagen:

»Furchtbar, diese vielen Unfälle heutzutage! Bleiben Sie noch ein paar Tage im Hotel?«

»Eine Nacht mindestens.«

»Dann, glaube ich, sollte ich Sie im Namen von Linas Eltern einladen, mit uns zu Abend zu essen, als Dankeschön … Ich weiß natürlich nicht, ob Ihnen das Spaß machen wird …«

Unmöglich, an diesem Strand ungestört ein Gespräch zu führen. Ein rot-blauer Ball kam von Gott weiß wo angeflogen, traf das alte Fräulein fast im Gesicht, und sie hob unwillkürlich die Knie, um ihn im Schoß aufzufangen.

»Ganz ungezwungen natürlich«, fuhr sie fort. »Wir gehen abends nie aus und ziehen uns zum Essen auch nicht um.«

Jetzt hatte das Mädchen mit dem Fuß in den Sand geschrieben:

Verduften Sie!

Sie blieb dabei! Aber Dollent hatte keine Lust fortzugehen. Seit ein paar Augenblicken hatte er einen dunkelroten Kopf. Er sah dem Kind nach, das mit seinem rot-blauen Ball davonlief, dann blickte er zu dem grauenhaften Balkon hin.

Dann …

Die Brise, die vom Meer kam, hatte seine Zeitung umgeblättert. Unwillkürlich hatte er einen Blick darauf geworfen.

Jetzt hob er den Kopf wieder. Er war blass geworden und bemühte sich, eine heitere Miene zu zeigen.

»Ich nehme Ihre Einladung an, aber nur unter einer Bedingung: Sie beide trinken in der Hotelbar einen Aperitif mit mir. Jef macht ganz ausgezeichnete Cocktails.«

»Ich trinke keine Cocktails«, warf Lina ein.

»Schweigen Sie«, fuhr die Gouvernante sie an. »Es ist zu liebenswürdig von dem Herrn, dass er Sie einlädt, nach all dem, was er schon für Sie getan hat, zumal Sie sich überhaupt nicht bei ihm bedankt haben … Wenn Ihre Eltern hier wären …«

Legte sich da nicht ein Schleier über die Augen des Mädchens?

»Sehr gern, Monsieur«, fuhr die Alte fort. »Wann sollen wir kommen?«

»Warum nicht jetzt gleich, wenn's Ihnen recht ist?«

»Lina! Ziehen Sie Ihr Strandkleid an. Ich habe Ihnen schon hundertmal gesagt, dieser Badeanzug ist äußerst indezent.«

Als der kleine Doktor sich erhob, war seine Kehle trocken, und er hatte feuchte Hände. An so etwas war er nicht gewöhnt! Gewiss, fast täglich kämpfte er um das Leben anderer, aber diesmal stand sein eigenes Leben auf dem Spiel.

Und mit einem Blick auf die ausgelassene Menge sagte er sich, um sich Mut zu machen:

»Hier kann nichts passieren. Inmitten so vieler Leute droht keine Gefahr. Wenn allerdings …«

Und er faltete die Zeitung zusammen, um die Anzeige, die für ihn so interessant war, zu verbergen.

IV

Der kleine Doktor hätte lieber selbstständig gearbeitet

Den richtigen Moment wählen! Allein darauf kam es an! Jede Menge Dummköpfe musterten ihn währenddessen mit sanfter Ironie, weil er mit ernster Miene ein altes Fräulein, das ebenso lächerlich wie auffallend geschminkt war, spazieren führte. Vielleicht dachten manche:

»Ein Schlitzohr! Er macht der Alten den Hof, um das Mädchen zu bekommen …«

Niemand ahnte, dass er sich noch nie in seinem Leben einem gewaltsamen Ende so nahe gefühlt hatte. Hatte Bernard es in der Nacht zuvor geahnt, als er sich in seinem Zimmer in aller Ruhe auszog?

Den richtigen Moment wählen! Ihn so wählen, dass …

Es war scheußlich kompliziert. Für das, was er vorhatte, war die Bar gar nicht schlecht geeignet; der Hauptvorteil war, dass es dort nur eine Tür gab, nicht sehr groß, abgesehen von der kleinen Tür hinter der Theke, durch die der Mixer hinausging.

Um diese Zeit war es dort recht ruhig. Die meisten badeten noch und würden erst gegen ein Uhr zum Aperitif kommen. Nur ein paar Stammgäste waren da, solche, die in Royan genau wie in Deauville oder Biarritz ihr Pariser Leben weiterführen und die, kaum aufgestanden, ihren Kater mit einem starken Cocktail kurieren.

»Drei Roses, Jef. Nehmen Sie Platz, Miss. ›Miss‹ ist richtig, nicht wahr?«

Seine Augen glänzten. Er erinnerte sich an den rot-blauen Ball. Er war so zufrieden mit sich, mit allem, was er entdeckt hatte, und mit dem verschlungenen Weg, den seine Gedanken bis hierher zurückgelegt hatten, dass er darüber seine Angst vergaß.

»Machen Sie das Fenster zu, Jef. Es zieht.«

Das stimmte zwar nicht, aber das Fenster war ein zu bequemer Ausgang, denn hier war man nicht im dritten Stock, sondern im Erdgeschoss.

Er hatte immer noch die Zeitung unterm Arm. Sein Finger würde leicht die Seite acht finden.

Wie viele Personen waren in der Bar? Jef und sein Kellner. Ein Page, der nichts zu tun hatte und jeden gelangweilt musterte. Zwei junge Leute, die auf Barhockern saßen. Drei Männer an einem kleinen Tisch: Geschäftsleute, die sich sogar in den Ferien den Kopf übers Geldverdienen zermarterten.

»Ist dieser Cocktail nicht zu trocken, Miss? Entschuldigen Sie … Ich möchte Mademoiselle Lina, das ist doch ihr Vorname, bitten, mir als Souvenir ihren Namen auf eine Postkarte zu schreiben, und ich möchte, dass sie sich die Karte selbst aussucht. Man bekommt sie beim Portier. Das ist vielleicht etwas viel verlangt, aber ich bin ganz versessen auf so etwas …«

Womöglich war das nicht sehr geschickt, aber er hatte keine Wahl. Sie musste um jeden Preis aus der Bar verschwinden.

Resigniert oder vielmehr wütend ging sie hinaus. Der Page blieb in der Nähe der Tür. Jef war ein kräftiger Mann, er hatte bestimmt schon so manche Schlägerei mit Säufern erlebt.

»Ich sagte, Miss, dass die Lektüre der englischen Zeitungen … Wenn ich sage: Lektüre … Mein Englisch ist leider sehr schlecht geworden … Ein Glück nur, dass es Bilder gibt.«

Sie hatte in der einen Hand ihr Glas, das sie langsam leerte, und plötzlich, als er gerade die Seite acht aufgeschlagen hatte, benahm sich der kleine Doktor wie ein Irrer – zumindest mussten Jef und die Anwesenden diesen Eindruck haben.

Mir nichts, dir nichts ergriff er die linke Hand der alten Engländerin, während er sie mit der anderen Hand an den Haaren packte und ihr die Perücke herunterriss.

Im nächsten Augenblick rollten beide über den

Boden. Und es waren noch keine zehn Sekunden vergangen, da knallte ein Schuss, und eine Kugel schlug in das Mahagoni der Theke ein.

Der kleine Doktor wusste genau, dass er allein den Kampf nicht bestehen würde. Aber er wusste auch, dass Jef und die anderen eingreifen würden. Und dass es nur einen Ausgang gab. Und so hielt er stand.

Miss Esthers Perücke lag irgendwo auf dem Teppich, und man sah jetzt ein sehniges und muskulöses Wesen, das nichts mehr von einer alten Gouvernante hatte, mit Dollent ringen.

»Rufen Sie die Polizei«, rief der kleine Doktor und schlug seinem Gegner mit aller Gewalt ins Gesicht.

Denn es war ein Mann. Daran gab es keinen Zweifel.

Er keuchte noch. Seine Jacke war an der Schulter zerrissen, sein Gesicht mit Schweiß bedeckt, wodurch seine Bartstoppeln noch sichtbarer wurden.

Der Hoteldirektor, der sein Büro »diesen Herren« zur Verfügung gestellt hatte, blickte ihn grimmig an, während der Kommissar sein Erstaunen nicht verhehlte.

»Sie behaupten, dieses Fräulein … ich meine, dieser Mann … nun, diese Person …«

»Es fällt mir schwer, Herr Kommissar, da ich

noch ganz außer Atem bin, in wenigen Minuten zu berichten, was herauszubekommen ich viele Stunden gebraucht habe. Das Ganze hat mit dem Diebstahl im Kasino begonnen. Wenn Sie einen Diebstahl begehen würden …«

»Bitte nicht persönlich werden, Herr Doktor …«

Sie waren doch alle gleich, diese Polizeibeamten! Niemand war hier, der seine Methoden verstand. Sei's drum.

»Ich behaupte, dass die Person, die den Diebstahl begangen hat, gefasst werden wollte, um eine Zeit lang unter Polizeischutz zu stehen, sich also vor einer Gefahr zu schützen.

Der Beweis dafür ist, dass mich dieses Mädchen nach meiner Anwandlung von Don Quichotterie, mit Verlaub, Herr Kommissar, als Idioten behandelt hat … Können Sie mir folgen?«

Sie konnten es nicht. Aber er sprach mehr zu sich selbst.

»Bernard Villetan ist in das Mädchen verliebt. Wegen der furchtbaren Gouvernante kann er sich Lina aber nicht nähern. Das macht ihn ganz trübsinnig … Er trinkt … Dann fällt ihm eine Zeitung in die Hände. Er sieht eine Anzeige, und diese Anzeige bringt ihn auf eine Idee.

Man muss nachdenken, Messieurs … Die Art, wie diese Gouvernante Lina bewacht, ist nicht ganz normal. Sie selber wirkte auf mich fast wie eine Karikatur aus dem *Punch*, nicht wie ein Mensch.

Nun die Anzeige. Hier ist sie. Ich übersetze:

Sie verlor ihre Haare. Sie alterte jeden Monat um zehn Jahre … Sander-Perücken …

Und nun sehen Sie sich die beiden Bilder an: vorher und nachher. Vorher dieses harte, männliche Gesicht, nachher diese rührenden und komischen Züge einer alten Koketten …

Ich bin sicher, Messieurs, dass Bernard in dem Augenblick verstanden hat, warum man ihn fernhielt von dem Mädchen, das er liebte. Er hat wohl auch verstanden, warum das Mädchen ihm aus dem Weg ging.

Miss Esther war ein Mann … Ihr Liebhaber? Das weiß ich noch nicht.

Immerhin fragt Bernard nach Briefpapier. Er schreibt. Er teilt Lina mit, was er entdeckt hat, und schiebt den Brief unter ihre Tür.

Und der Brief fällt natürlich der falschen Gouvernante in die Hände, die auch in dem Zimmer schläft …

In derselben Nacht wird Bernard vom Balkon seines Zimmers gestoßen, und es ist ein Wunder, dass er noch lebt.

In derselben Nacht bekomme auch ich einen Brief, in dem mir befohlen wird, abzureisen …

Verstehen Sie, Messieurs?«

Nein. Sie verstanden nicht. Aber die Pseudogouvernante musterte den kleinen Doktor mit einem zornigen Blick, in dem allerdings auch Bewunderung lag.

»Ich weiß, ich mische mich da in Dinge ein, die mich nichts angehen ... Entschuldigen Sie.«

Der Direktor nickte zustimmend. Wie wunderbar ruhig es hier doch gewesen war, eh dieser lästige kleine Arzt auftauchte, der immer unter Strom zu stehen schien.

»Denken Sie nach! Ein Mädchen hat solche Angst, dass es lieber ins Gefängnis geht. Eine falsche Gouvernante zögert nicht, den Mann zu töten, der einen Teil ihres Geheimnisses entdeckt hat, und einen anderen – mich! –, der den gleichen Weg einzuschlagen scheint, durch Drohungen dazu zu bringen, dass er das Feld räumt.

Als ich mich heute Morgen an den Strand gesetzt habe, merkt der Mann, den ich bis jetzt nur Esther nennen kann – lachen Sie darüber, wenn Sie wollen! –, dass ich etwas weiß, und lädt mich zum Abendessen ein, und bestimmt hätte mir heute Nacht das gleiche Schicksal geblüht wie Bernard Villetan.

Ich möchte noch sagen, dass, als ein Ball Miss Esther traf, sie die Knie zusammengepresst hat wie ein Mann, statt sie zu spreizen, wie es eine Frau in so einer Situation instinktiv tut.

Verstehen Sie jetzt?«

Nein, sie verstanden noch immer nicht. Aber was machte das schon! Der kleine Doktor wusste, dass er sich nicht irren konnte, dass seine Beweisführung aufs Haar stimmte.

»Ich habe das Mädchen einen Augenblick weggeschickt. Wie Sie sehen, sie ist nicht wiedergekommen.«

»Das sagt uns noch immer nicht, Doktor, warum Sie sich mit der Angelegenheit …«

Konnte er ihnen antworten:

»Weil ich seit der Sache mit der Maison-Basse Kriminalfälle liebe, so wie ein Sammler alte Fayencen oder antike Tabatieren liebt.«

Er sagte nur:

»Ich habe Durst.«

Drei Tage später.

Scotland Yard, das die Fingerabdrücke der falschen Miss Esther erhalten hatte, schickte folgenden Bericht.

»Fingerabdrücke von John O'Patrick, lange Zeit Akrobat und Zauberkünstler im Zirkus. Lernt dort Lina Powel, deren Mutter Französin war, kennen. Lina Powel tanzt schon mit zwölf Jahren den Tanz der Puppen. Als sie sechzehn ist, kommen ihre Eltern bei einem Zugunglück ums Leben. Seither lebt sie mit John O'Patrick zusammen.«

Darum also hatte der kleine Doktor, wenn er sie anblickte, immer an eine Puppe denken müssen. Sie war alterslos. Sie blieb das, was sie in der Manege und im Varieté gewesen war.

»Nach dem Tod eines Mannes, eines Deutschen namens von Hoest, Akrobat am Trapez, der Lina den Hof machte, haben die beiden den Zirkus verlassen.

O'Patrick war stark verdächtig, den Tod des Mannes verschuldet zu haben.«

Das Paar geht nach Frankreich. Zirkus und Varieté sind ihm fortan versperrt. O'Patrick ist eifersüchtig auf seine Gefährtin, weil er zwanzig Jahre älter als sie und nicht schön ist.

Da er nicht mehr auftreten kann, erfindet er die Rolle der Gouvernante, die das junge Mädchen begleitet und bewacht.

Sie reisen von einem Seebad und Kurort zum nächsten.

Bis zu dem Tag, da Lina in Royan Bernard Villetan kennenlernt. Sie hat dieses Leben satt. Sie will frei sein. Aber ihr Liebhaber droht ihr, dass er sie bei dem ersten Versuch, sich von ihm zu trennen, umbringen wird.

Er ist dazu fähig. Er hat schon einen Mann ihretwegen getötet.

Und dann, als sie's einfach nicht mehr ertragen kann und ihm um jeden Preis entrinnen will, stiehlt sie so ungeschickt wie möglich im Kasino, um ... um ins Gefängnis zu kommen ... Dort wird sie *frei* sein.

Der kleine Doktor hatte seine Sprechstunden und seine Visiten auf den Bauernhöfen wieder aufgenommen.

Die Erlebnisse von Royan lagen schon sechs Tage zurück.

Er nahm den Telefonhörer ein wenig nervös ab.

»Hallo ... Ricou ... Sind Sie's? Ja, Dollent ... Und Ihr Patient? Es geht ihm immer besser? ... Ja ... Wie? Wohin will er gehen? Nach Spanien? ... Warum?«

Und als er die Antwort erhalten hatte, legte er den Hörer langsam wieder auf.

»Weil«, hatte Doktor Ricou gesagt, »er eine geheimnisvolle Botschaft aus Spanien erhalten hat ... Jemand erwartet ihn dort, sobald er reisefähig ist ... Ein junger Mann ...«

So etwas! Das Mädchen in Blau!

Und in all das war er verwickelt gewesen ...

Eine Frau rief um Hilfe

I

Was im Schilf des Bois Bézard gefunden wird, ist nicht das, was man nach Meinung des kleinen Doktors dort hätte finden sollen

Im Grunde hätten die Todeskandidaten in den drei oder vier Dörfern, denen er seine medizinischen Kenntnisse zukommen ließ, den kleinen Doktor kaum daran gehindert, zu schlafen. Die, die ihn zwangen, sich um zwei Uhr morgens zu erheben und den Rest der Nacht aufzubleiben, waren die ›Lebenskandidaten‹. Hatte er nicht allein im Oktober dreiundzwanzig Entbindungen durchgeführt?

Auch an diesem Tag wollte er sich schlafen legen, während die anderen aufstanden. Er aß um sieben Uhr früh in aller Eile noch etwas, ehe er für drei oder vier Stunden im wohligen Frieden seiner Bettdecken versinken konnte. Er aß dann gerne in der Küche, um mit Anna zu plaudern. Aber die Haushälterin überflog gerade die Zeitung, die eben gekommen war.

In einem bestimmten Augenblick sah er, dass sie

gern etwas gesagt hätte, sich aber auf die Zunge biss. Obwohl er Mühe hatte, die Augen offen zu halten, wusste er gleich, worum es ging.

Seit er vor drei Wochen die Aussage das Automechanikers aus Écoin gelesen hatte, kam es tatsächlich öfter vor, dass er während der Mahlzeiten vor sich hin brummelte:

»Sie werden's erleben, diese Dummköpfe dort werden nichts finden.«

Anna wusste, was das bedeutete. Er hatte große Lust, dorthin zu fahren, um sein Talent, Rätsel zu lösen, zu erproben. Aber dort, das war in der Nähe von Nevers, etwa zweihundert Kilometer von Marsilly entfernt, und der kleine Doktor konnte es sich nicht erlauben, ständig unterwegs zu sein.

»Hat man die Leiche gefunden, Anna?«, fragte er, während er ein schönes dickes Stück Wurst abpellte.

Sie nickte nur.

»Wie alt ist die Frau?«

Da triumphierte Anna:

»Es ist keine Frau, Monsieur. Sie sind wohl doch nicht so großartig, wie Sie immer denken. Es ist ein Mann, obendrein einer, der nicht zu übersehen ist, denn er ist einen Meter fünfundachtzig groß und wiegt zwei Zentner … Ich nehme an, Sie werden nicht schlafen gehen, sondern gleich hinfahren.«

Sie sagte das spöttisch, als wollte sie ihn herausfordern. Aber er antwortete todernst mit vollem Mund:

»Stimmt, Anna ... Packen Sie meinen Koffer, tun Sie Wäsche zum Wechseln hinein ... Und ein Paar feste Schuhe. Bei dem Wetter ...«

Eine halbe Stunde später brauste sein winziges Auto, das schon immer ständig Pannen gehabt hatte, auf der Landstraße, über die ein kalter Herbstwind fegte, in Richtung Nevers.

Vor etwa einem Monat, am 2. Oktober, war Jérôme Espardon, der Automechaniker aus Écoin, einem Dorf, das an der Nationalstraße fünf Kilometer vor Nevers liegt, um fünf Uhr morgens bei der nächsten Gendarmerie erschienen. Folgende Erklärung hatte er abgegeben, die alle Zeitungen veröffentlichten und die vielen Leuten eine harte Nuss zu knacken gab:

»Gestern Abend, am 1. Oktober, war ich länger wach als gewöhnlich, da ich meine Monatsabrechnung abschließen wollte. Um elf Uhr saß ich in meinem verglasten Büro hinten in der Werkstatt. Der Rollladen war unten, die Lampe an der Tankstelle aus; dennoch muss ein Lichtschein unter dem Rollladen durchgesickert sein.

Plötzlich hörte ich einen Wagen halten, und es klopfte an die Tür. Gewöhnlich vermeide ich es, nachts Kunden zu bedienen, denn ein paar Kollegen von mir sind nachts von Räubern überfallen worden.

Da ich noch angezogen war, habe ich dann doch die kleine Tür im Rollladen geöffnet. Es war sehr dunkel, denn der Mond schien nicht, und kurz zuvor hatte es geregnet.

Ein sehr korpulenter Mann, dessen Züge ich nicht deutlich erkennen konnte, bat mich um dreißig Liter Benzin. Die Scheinwerfer des Autos waren klein gestellt, und darum konnte ich nicht feststellen, was ich sonst festgestellt hätte.

Ich bediente die Pumpe. Mein Blick fiel auf das Kennzeichen, und wenn ich auch nicht auf die Buchstaben geachtet habe, so habe ich mir doch die Zahlen eingeprägt: 8775.

Durch das hintere Fenster sah ich außerdem zwei Personen, die im Fond saßen, einen Mann und eine Frau.

Der Kunde gab mir hundert Franc, auf die ich ihm zwei Franc fünfundzwanzig hätte herausgeben müssen, aber er sagte:

›Stimmt so.‹

In dem Augenblick, als er sich wieder ans Steuer setzte und den Motor anließ, wurde das hintere Fenster heruntergelassen. Ich sah eine Hand, die Hand einer Frau. Eine Stimme rief:

›Hilfe! Helfen Sie mir!‹

Es war auch die Stimme einer Frau, aber sie verlor sich bald im Lärm des abfahrenden Autos, das zügig Richtung Paris davonfuhr.

Da mein Telefon nachts nicht funktioniert, konnte ich die Gendarmerie nicht anrufen. Außerdem war ich allein in der Werkstatt, da meine Frau noch bei ihrer Familie in Savoyen in Ferien war. Ich habe dem Zwischenfall nicht allzu viel Bedeutung beigemessen, ich dachte, es sei sicherlich ein Scherz gewesen.«

Man muss hinzufügen, dass die Gendarmerie die Sache zunächst kaum tragischer nahm. Man begnügte sich damit, bei der Bezirksgendarmerie anzurufen, um zu erfahren, ob sich in jener Nacht in der Gegend etwas Ungewöhnliches ereignet hatte.

Es hatte weder einen Unfall noch Alarm gegeben. Außerdem hatte ein Gendarm eines Kaninchendiebstahls wegen am Eingang zum Städtchen Pouilly, zwanzig Kilometer vor Écoin, Wache gestanden. Mechanisch hatte er die Nummern aller vorüberfahrenden Autos notiert und kein Kennzeichen bemerkt, das auf 8775 endete.

Also konnte das Auto, das der Automechaniker beschrieben hatte, nicht weit gefahren sein.

Noch besser, man hatte es gefunden. Der Mechaniker hatte eine scheußliche Viertelstunde durchgemacht: Da er gern ein Schlückchen trank, beschuldigte man ihn, an dem Abend betrunken gewesen zu sein und sich über die Gendarmerie lustig gemacht zu haben.

Nur ein Wagen entsprach der Beschreibung: Es war der des Notars Humbert aus Nevers.

Und Humbert, ein sehr ehrenwerter Mann und obendrein Sohn eines Richters, sagte unter Eid Folgendes aus:

»Am Freitag, dem 1. Oktober, fuhren meine Frau und ich wie jeden Freitag mit dem Auto zum Abendessen zu unseren Freunden, den Lajarrigues, die an der Place Gambetta wohnen. Wir sollten dort wie jede Woche die Dormois' und die Vercels treffen, um dann, nach dem Essen, bis Mitternacht Bridge zu spielen.

Es verlief alles wie vorausgesehen. Es regnete, als wir auf der Place Gambetta ankamen. Ich parkte meinen Wagen hinter dem der Dormois', die schon da waren. Die Vercels, die nur vier Häuser weiter wohnen, kamen natürlich zu Fuß.

Wieder einmal hat die Bridgepartie länger gedauert, und wir haben uns erst kurz vor ein Uhr morgens getrennt. Die Autos standen immer noch vor der Tür. Meine Frau und ich fuhren nach Hause und gingen zu Bett. Wir haben nichts Ungewöhnliches bemerkt.«

Und dennoch bestand der arme Automechaniker, dem niemand mehr glauben wollte, auf seiner Aussage.

»Ich habe am 1. Oktober um elf Uhr abends dreißig Liter Benzin in den Tank dieses Wagens gefüllt.«

Dass er recht hatte, erfuhr man erst zwei Tage später, dank Madame Humbert. Nachmittags benutzte sie häufig das Auto. Sie erinnerte sich, dass sie am 1. Oktober vorgehabt hatte, volltanken zu lassen. Am übernächsten Tag – Samstag war der Wagen nicht benutzt worden – fiel ihr auf, dass der Tank noch fast voll war.

»Hast du getankt?«, fragte sie ihren Mann.

»Ich? Nein ...«

»Aber ...«

Und so musste man zugeben, dass Jérôme Espardon weder gelogen noch geträumt hatte. Während des Bridgespiels musste sich jemand das Auto geliehen haben, damit Richtung Paris gefahren sein, bemerkt haben, dass der Tank fast leer war, und vor der Tankstelle in Écoin gehalten haben.

Dieser Jemand konnte nicht weit gefahren sein, da der Gendarm, der kurz vor Pouilly Wache stand, ihn nicht gesehen hatte. Er war nach Nevers zurückgekehrt, und das Auto hatte kurz vor eins wieder an seinem Platz gestanden.

Aber eine Frau hatte um Hilfe gerufen!

Einen Monat lang war der kleine Doktor wütend.

»Irgendwann werde ich wohl dahin fahren müssen«, sagte er jeden Tag zu Anna.

Es ist nicht übertrieben, wenn man sagt, die Untersuchung sei sehr nachlässig geführt worden. Niemand hatte Klage erhoben. Und überhaupt, was wussten sie schon? Handelte es sich um einen Mord? Um einen Diebstahl?

Und wer war für die Sache zuständig? Die Polizei von Nevers oder die Gendarmerie? Und wenn es die Gendarmerie war – welche Brigade, welcher Bezirk?

Wer war diese Frau, die in allerletzter Minute um Hilfe gerufen hatte? Warum hatte sie es nicht früher getan, als es dem korpulenten Mann nicht möglich war, den Wagen anzulassen, weil er draußen stand.

Wer war dieser Mann? Und wer war der andere, der hinten saß und dessen Gestalt der Automechaniker nur verschwommen gesehen hatte?

In der Zeitung hieß es:

Jäger, die zufällig in den Sümpfen des Bois Bézard, zehn Kilometer von Nevers entfernt, waren, haben im Schilf die Leiche eines etwa fünfzig Jahre alten, sehr dicken Mannes entdeckt.

Die Leiche ist noch nicht identifiziert. Beamte sind am Tatort. Man fragt sich, ob der Fall etwas mit der Aussage des Automechanikers aus Écoin zu tun hat, an die unsere Leser sich gewiss erinnern.

In dieser rätselhaften Geschichte könnten einige Überraschungen stecken.

Der kleine Doktor gab Vollgas, aber sein schon acht Jahre alter Fünf-PS-Wagen konnte nicht schneller fahren, und manchmal schüttelte ihn eine Bö so sehr, dass man glauben konnte, er würde gleich im Graben landen.

Momentan gab es eigentlich keine Schwerkranken. Es stand auch keine Geburt bevor. Die Serie war beendet, und Dollent konnte ein paar Tage aufatmen. Leichtere Beschwerden wie Halsschmerzen und Furunkel mussten warten …

Eine Frau, die ruft …

Ein sehr korpulenter Mann …

»Ob man wohl den Revolver gefunden hat?«, sagte er plötzlich, als bestünde kein Zweifel daran, dass der Mann erschossen worden war.

»Was? Was sagen Sie?«

»Doktor Dollent …«

»Sind Sie ein Freund des Opfers? Ein Verwandter?«

In einem Umkreis von fünfzig bis hundert Kilometern von Marsilly oder La Rochelle kannten ihn die meisten Beamten und duldeten seine Anwesenheit. Hier aber stand er einem störrischen Gendarm gegenüber, der nur seine Anweisungen kannte.

»Niemand darf ins Moor vom Bois Bézard … Oder Sie müssen mir ein Schreiben vom Staatsanwalt zeigen.«

»Wo ist der Staatsanwalt?«

»Am Tatort, dreihundert Meter von hier.«

»Wie soll ich ihn um eine Bescheinigung bitten, wenn Sie mir nicht gestatten ...«

»Das ist mir gleich. Abgesehen von den Herren von der Presse ...«

Am Straßenrand waren mehrere Autos geparkt, und an zwei von ihnen sah man den Wimpel großer Pariser Tageszeitungen. Ein weiterer Wagen kam, fast ein Lastwagen. Ein Mann stieg aus, mit Filmkameras beladen.

»Kann ich Ihnen behilflich sein?«, fragte der kleine Doktor.

»Gern ... Wo ist es?«

»Hier entlang ...«

Er nahm eine der Kameras und ging mit dem ihm unbekannten Mann an dem Gendarm vorbei, der die Stirn runzelte, aber nicht einzuschreiten wagte.

Immer noch dieser Wind. Dicke Wolken jagten wie Flugzeuge über den Himmel, so tief, dass sie fast die Bäume berührten. Der kalte, feuchte Atem des Moors und irgendwo eine Reihe Pappeln, die Raben umkreisten. Dunkel gekleidete Herren gingen hin und her und versuchten, sich möglichst wenig zu beschmutzen ... Niemand achtete auf Jean Dollent ... Die Fotografen machten ihre Bilder, und auch die Journalisten waren nicht untätig. Ein Polizist war mit Ausmessen beschäftigt. Schließlich im Schilf die Leiche, mit einer Plane bedeckt.

»Wird sie kommen?«

»Inspektor Leroy ist zu ihr gegangen, um es ihr möglichst schonend beizubringen ... Sie wird in wenigen Augenblicken hier sein.«

»Hinsichtlich der Identität des Opfers gibt es keine Zweifel?«

»Ein Mann wie er, Herr Staatsanwalt, ist nicht zu übersehen ...«

»Was hatte er eigentlich für einen Beruf?«

Der kleine Doktor stand neben zwei Männern, die sich unterhielten, und jeder glaubte gewiss, dass er zu dem anderen gehörte, so selbstverständlich und ruhig verhielt sich Dollent.

»Isidore Borchain«, sagte der Kommissar, »wohnt seit einigen Jahren in Nevers, wo er sich ein Haus in der Avenue de la République gekauft hat. Ich habe mich zunächst gefragt, warum er sich hier bei uns niedergelassen hat, da er aus dem Norden stammt, aus Roubaix, glaube ich. Auch seine Frau stammt von dort. Man hat mir eine sehr einleuchtende Antwort gegeben. Borchain vertritt in Frankreich – Verzeihung, vertrat – eine der größten amerikanischen Firmen für zahnärztlichen und zahntechnischen Bedarf. Er reiste selbst, denn es scheint sich um eine ziemlich heikle Branche zu handeln ... Und darum hat er eine Stadt gewählt, die ungefähr in der Mitte von Frankreich liegt, so konnte er ziemlich oft zu Hause sein.«

Der Kommissar, der sich eben eine Pfeife gestopft hatte, fragte den kleinen Doktor:

»Haben Sie Feuer?«

Es ist immer dasselbe. Es ist nur schwierig, die erste Schranke zu überwinden. Danach kümmert sich kein Mensch mehr um einen. Die Journalisten halten einen für einen Polizisten, die Polizisten für einen Journalisten; die Herren von der Staatsanwaltschaft sagen sich, man ist da, weil man dazu berechtigt ist, man wird sogar um Feuer gebeten; und es fehlt nicht viel, und man würde um Rat gefragt werden.

Durch diese Überlegung bestärkt, wurde Dollent kühn und fragte, während er dem anderen ein Streichholz hinhielt:

»Hat man den Revolver gefunden?«

»Dicht neben ihm … genauer gesagt, einen Meter von ihm entfernt … ein Trommelrevolver, großes Kaliber …«

Bewegung … Gemurmel … Das Geräusch eines Autos … Dann eilten Fotografen und Journalisten zum Straßenrand.

»Ich verstehe das nicht … Ich versichere Ihnen, es ist nicht möglich …«, rief eine Frau.

Dollent erriet, dass es Madame Borchain war. Er hatte Muße, sie genau zu betrachten, während sie sich nur schwach gegen die Neugier der Männer wehrte, die sie umringten.

Was hätte sie auch tun können?

Noch nie hatte er eine Frau gesehen, die so sehr Frau war wie sie, ja sie wirkte geradezu altmodisch. Ihr Anblick ließ an Boudoirs mit verblichenen Seidentapeten denken, an geblümte Sessel, Stickereien und jene parfümierten und molligen Frauen, denen man heute nur noch selten begegnet.

War sie dreißig? Wahrscheinlich. Ein hübsches Gesicht mit weichen Zügen, eine sehr blasse Haut, eine Haut wie Milch und Honig, mit der man sich einst brüstete. Zierliche Füße in eleganten Schuhen. Ein schwarzes Seidenkleid unter ihrem Pelzmantel, den sie fest um sich geschlungen hatte.

»Ich sage noch einmal, es ist nicht möglich ...«

Eine jener Frauen, von denen der kleine Doktor geträumt hatte, als er fünfzehn Jahre alt gewesen war, denn sie entsprach genau dem Bild der Heldin aller Romane des vorigen Jahrhunderts. Er erinnerte sich an einen Stich bei seinen Eltern: Eine ganz ähnliche junge Frau saß in einem Schlitten, den ein Herr zog. Sie trug einen Hermelinmantel und eine Hermelinmütze, und ihre Hände steckten in einem Muff, während der Schlitten über das Eis glitt.

Man hörte das Klicken der Fotoapparate. Die junge Frau versuchte, durch das Gestrüpp zu gehen, zwang sich zu lächeln und wiederholte:

»Ich schwöre Ihnen, dass …«

»Hier entlang, Madame … Verzeihen Sie meine Beharrlichkeit … Leider ist es unbedingt nötig …«

Sie näherte sich der scheußlichen Plane. Nur die Fotografen blieben ungerührt und machten weiter Schnappschüsse von ihr.

Nun sagte der Staatsanwalt, der in vergleichbaren Situationen noch nie auf seine Kosten gekommen war, salbungsvoll:

»Lassen Sie den Mut nicht fahren … So ist das Leben …«

»Vielmehr der Tod«, hätte der kleine Doktor am liebsten zu ihm gesagt.

»Nehmen Sie meinen Arm … Scheuen Sie sich nicht, sich an mich zu klammern, wenn …«

Der Kommissar bückte sich. Die Plane wurde fortgenommen. Man hörte nichts, zumindest nicht mehr, als wenn ein kleiner Vogel den Schnabel öffnet, um noch einmal atmen zu können. Sie war ohnmächtig geworden. Der Staatsanwalt allein konnte sie nicht halten, und der kleine Doktor kam ihm zu Hilfe und zog ein Fläschchen aus seiner Tasche.

»Ich übernehme … Das ist mein Beruf … Legen Sie sie ins Gras.«

Während er sich bemühte, sie wieder zur Besinnung zu bringen, brauchte er an nichts anderes zu denken und konnte sich fragen:

»Wie wird eine Frau wie sie ihren Mann, der

einen Meter fünfundachtzig groß ist und mehr als zwei Zentner wiegt und mit Vornamen Isidore heißt, nennen, wenn sie mit ihm intim ist?«

Es ist wirklich so, manchmal kommt man in den dramatischsten Augenblicken auf die komischsten Ideen.

Seine Frage wurde übrigens sofort beantwortet.

»Isi«, stammelte sie.

Und dann, von Neuem empört:

»Das kann nicht sein! Das kann nicht sein. Er müsste in Montauban sein … Ich will ihn noch einmal sehen, um sicher zu sein, dass …«

Man musste sie fast zu der Leiche tragen, und wenn sie diesmal auch nicht ohnmächtig wurde, so brach sie doch in Tränen aus.

Und wie ging es dann weiter? Wie immer gab es ein Durcheinander. Man kann solche Zeremonien unmöglich in Szene setzen, ohne einen großen Teil dem Zufall, wenn nicht der Erregung zu überlassen.

So kam es, dass der kleine Doktor, der seine Patientin – denn er betrachtete sie jetzt als seine Patientin – nicht freigab, zusammen mit dem Kommissar in irgendeinem Auto saß.

»Zu Madame Borchain … Avenue de la République.«

Andere Wagen folgten. Es war fast eine Prozession. Und in einem kleinen Dorf, das wie zufällig am Rand der Nationalstraße lag, kamen sie an einer Autowerkstatt mit Tankstelle vorbei, an der Dollent ohne Überraschung las:

Jérôme Espardon
Automechaniker

Und dieser Jérôme stand vor seiner Tür und betrachtete verblüfft die Karawane, die, ohne ihn …

»Kommen Sie einen Augenblick mit hinein?«, fragte sie. Ihre Hände zitterten, ihre trockenen Lippen waren bleich.

»Wie Sie wünschen«, antwortete ihr der Kommissar.

Der kleine Doktor folgte ihm, ohne dass man ihn dazu aufgefordert hätte. Das Haus der Borchains war eine hübsche Villa aus dem 18. Jahrhundert, vollständig renoviert, was in Kleinstädten nicht die Regel war. Man fand hier den modernsten Komfort und gleichzeitig einen recht sicheren Geschmack. Ein Diener in weißer Jacke hatte die Tür geöffnet und ließ die Gäste jetzt in den großen Salon im Erdgeschoss eintreten. Die helle Holztäfelung war mit Gold verziert.

»Sosehr ich mich auch bemühe, Messieurs, ich kann es immer noch nicht glauben … Das kommt so unerwartet … Es passt so gar nicht zu allem, was … was … Joseph, bringen Sie mir etwas zu trinken … Bringen Sie auch den Herren etwas … Ich bitte Sie um Verzeihung, aber ich bin derart verstört … Vielleicht wäre es besser, ich bäte meine Schwester, sich um Sie zu kümmern … Joseph!«

Sie redete und redete, als wollte sie sich betäuben, und es gelang ihr nicht, ihre Augen auf irgendetwas ruhen zu lassen.

»Bitten Sie Mademoiselle Nicole, herunterzukommen … Aber sagen Sie ihr nichts …«

»Mademoiselle Nicole weiß Bescheid …«

»Wieso? Wer hat es ihr gesagt?«

»Sie war gerade unten, als die Zeitung in den Briefkasten gesteckt wurde … Sie hat sie überflogen …«

»Was hat sie dann getan?«

»Sie ist wieder hinaufgegangen und hat sich eingeschlossen.«

»Sagen Sie ihr … Bitten Sie sie … Gestatten Sie, Messieurs, dass ich Hut und Mantel ablege?«

»O weh«, dachte der kleine Doktor.

Wenn man ihn mit dem Kommissar allein ließe, würde dieser ihm vielleicht Fragen stellen und dahinterkommen, dass er hier überhaupt nichts zu suchen hatte.

Aber nein. Im Gegenteil. Der Kommissar fragte:

»Was denken Sie?«

»Worüber?«

»Über die Frau?«

»Ich denke … hm …«

»Halten Sie sie für fähig, ihren Mann getötet zu haben?«

Dollent wagte nicht zu antworten. Er wollte sich nicht kompromittieren. Trotzdem war er bei der Frage zusammengezuckt.

»Die Ohnmacht beeindruckt mich nicht«, fuhr der Polizist fort. »Das geschieht zu häufig! Dagegen fällt mir auf …«

Der kleine Doktor erfuhr nie, was ihm aufgefallen war, denn die Tür öffnete sich, die junge Frau, im schwarzen Kleid, kam herein. Sie hatte prächtiges dunkles Haar, das ihre helle Haut noch betonte.

»Komm«, sagte sie zu jemandem, der hinter ihr stand. »Die Herren sind hier, um …«

Es war ihre Schwester Nicole, auch sie ganz in Schwarz. Ihr Haar war feuerrot. Sie war größer und schlanker als ihre Schwester, hatte markante Züge, einen durchdringenden Blick, und ihre ganze Person drückte ein animalisches Misstrauen aus, gepaart mit einer gewissen Steifheit.

»Komm herein, Nicole … Ich habe ihnen eben gesagt, dass Isi um diese Zeit in Montauban sein müsste.«

»Das glaube ich auch.«

»Das hat er uns doch gesagt, als er abgefahren ist …«

Joseph brachte Erfrischungen. Der Kommissar hustete. In diesem Salon fühlte er sich sichtlich weniger wohl als in seinem Büro, wo es nach Pfeifenrauch roch.

»Verzeihen Sie, Mesdames, Sie erwähnten eben die Abfahrt von Monsieur Borchain … Können Sie mir sagen, wann er aufgebrochen ist?«

»Warten Sie … Joseph, bleiben Sie noch einen Augenblick … Sie können uns vielleicht helfen …«

Madame Borchain schniefte, betupfte sich Augen und Nase mit einem feinen Batisttaschentuch.

»Er kam vom Zahnarztkongress aus Casablanca zurück … Er war beruflich viel unterwegs … An dem Tag kam er gegen … Also, Joseph … Wir hatten nicht damit gerechnet … Statt mit dem Schiff zu fahren, hatte er ein Flugzeug genommen … Es war etwa drei Uhr …«

»Zehn nach drei, Madame … Ich habe Monsieur die Tür geöffnet … Ich dachte, es sei der Briefträger, der um diese Zeit Einschreiben bringt.«

»Und ist er wieder abgefahren?«

»Noch am selben Abend … Warten Sie … Gegen … Wir hatten zu dritt zu Abend gegessen … Oder nein … Nicole ist nicht heruntergekommen, weil sie Migräne hatte. Sie müssen wissen, dass Nicole seit dem Tod unserer Eltern vor fünf Jahren bei uns lebt. Sie hat ihre eigene Wohnung im zweiten Stock … Sie ist noch jung … Erst dreiundzwanzig … Mein Gott, wie schwer das ist, sich an alles zu erinnern … Wir haben nebenan gespeist … Dann hat mein Mann mich in mein Schlafzimmer gebracht, und ich bin zu Bett gegangen. Kurz darauf ist er abgefahren.«

»In seinem Wagen?«

»Wenn er in Frankreich unterwegs war, fuhr er immer mit seinem Wagen.«

»Steht er in der Garage?«

»Ja, die ist hinter dem Haus. Man erreicht sie durch die Rue Minimes … Ich weiß nicht mehr, meine Erinnerungen sind ganz verschwommen, ob er zu dir hinaufgegangen ist, um dir Lebewohl zu sagen, Nicola …«

»Ja, er hat sich von mir verabschiedet, Marthe. Er hatte es sehr eilig. Er wollte am nächsten Vormittag in Marseille sein, um von dort aus seine Geschäftsreise im Süden zu beginnen.«

Marthe Borchain lächelte matt.

»Nun, das ist alles, was ich weiß, Messieurs.«

»Hatte Ihr Mann Feinde?«

»Warum hätte er Feinde haben sollen? Konkurrenten vielleicht, denn er hatte sich eine sehr gute Position geschaffen. Aber Feinde …«

»Verzeihen Sie, wenn ich Ihnen eine noch indiskretere Frage stelle: Hatte er ein Verhältnis?«

Marthe Borchains Antwort kam aus tiefstem Herzen:

»Isi?«

Dann, wieder traurig lächelnd:

»Er betete mich an ... Er lebte nur für mich ... Er hoffte, seine Reisetätigkeit bald einstellen zu können, um immer bei uns sein zu können.«

»Noch eine Frage. Können Sie mir das genaue Datum seiner Rückkehr aus Casablanca und dieser Abfahrt nennen?«

»Sagen Sie, Joseph, wann war das?«

»Es war der 1. Oktober, Madame. Ich erinnere mich daran, weil die Köchin und ich unseren Lohn bekommen hatten und wir am Vormittag zusammen auf der Bank waren, um das Geld dort einzuzahlen.«

»Den Wagen Ihres Mannes haben Sie nicht mehr gesehen?«

»Nein. Da er damit fortgefahren ist ...«

Sie biss sich in Erinnerung an das, was sie im Bois Bézard gesehen hatte, auf die Lippe.

»Ich meine, ich glaubte ...«

»Ich verstehe ... War es ein großer Wagen?«

»Ein sehr schweres, sehr komfortables amerikanisches Auto. Mein Mann war groß und dick ... Er hatte es gern bequem ... Obendrein war er ein Sanguiniker ...«

»Mademoiselle Nicole, wissen Sie vielleicht irgendetwas, das uns auf eine Spur bringen könnte?«

Das Mädchen, das sich nicht gesetzt hatte, sondern an dem großen weißen Marmorkamin lehnte, sagte nur:

»Nichts!«

»Kam Ihnen Ihr Schwager an jenem Abend nicht besonders unruhig vor?«

»Nicht mehr als gewöhnlich.«

Der kleine Doktor bewegte die Beine unter seinem Stuhl.

»Hat er Ihnen nichts gesagt, das vermuten ließ, dass er nur sehr ungern wegfuhr?«

»Er fuhr immer ungern weg.«

Und die junge Frau blickte ihre Schwester streng an.

»Wollen Sie damit sagen, dass es Ihrem Schwager schwerfiel …«

»Mein Schwager war entsetzlich eifersüchtig.«

»Nicole«, seufzte Madame Borchain.

»War Isi eifersüchtig oder nicht?«

»Das stimmt … Wie alle Männer … Wie alle Männer, die oft von zu Hause fortmüssen. Du weißt sehr gut …«

»Ich habe nichts weiter gesagt«, antwortete Nicole kühl.

Der Kommissar wusste nicht, was er noch fragen sollte, und erhob sich zögernd.

»Ich glaube, Mesdames, bei dem augenblicklichen Stand der Ermittlungen … Verzeihung. Noch eins … Hier ist der Revolver, mit dem …«

Wieder antwortete Nicole, so nüchtern, wie es ihrem Charakter entsprach:

»Das ist seiner.«

»Sie erkennen ihn?«

»Er trug ihn stets bei sich … Leute, die viel reisen … Einmal ist er unterwegs beinahe überfallen worden, und seitdem …«

»Erkennen Sie ihn auch, Madame Borchain?«

»Ich glaube, ja … Ich glaube, ich habe ihn irgendwann bei ihm gesehen … Er wusste, dass ich Angst vor Waffen hatte … Er hat ihn mir nicht gezeigt.«

»Ich werde Sie wahrscheinlich noch einmal befragen müssen. Sie dürfen es mir nicht übel nehmen, wenn ich … Kommen Sie, Doktor?«

Dann standen die beiden Männer auf dem Gehsteig. Der Kommissar brummte:

»Hm … Seltsame Geschichte … Nun, man wird sehen … Und was Sie betrifft, Doktor, so erwarte ich Ihren Bericht morgen Vormittag und …«

»Verzeihung. Was für einen Bericht?«

»Sind Sie nicht der Gerichtsmediziner? Waren Sie nicht mit der Staatsanwaltschaft dort?«

»Ich bin Arzt, aber nicht Gerichtsmediziner …«

»Aber dann …«

»Nichts weiter«, seufzte der kleine Doktor, der auf ein Donnerwetter gefasst war. »Soweit ich weiß, war der Gerichtsmediziner der Mann mit dem Bart, der mit den Journalisten weggefahren ist.«

Darauf sagte der Kommissar sehr kühl:

»Gute Nacht, Monsieur.«

»Gute Nacht, Monsieur«, antwortete Dollent seinerseits.

Das hätte doch viel schlimmer kommen können. Jetzt, da er allein in den Straßen von Nevers war, sagte er sich, an Anna denkend, die an seinen Talenten zweifelte:

»Meine liebe Anna, ich schwöre dir, du wirst mich erst wiedersehen, wenn ich das Rätsel von Isidore Borchain gelöst habe ... Und falls irgendeine Frau auf die dumme Idee kommen sollte, in dieser Zeit niederzukommen ...«

Er machte kehrt, wechselte die Straßenseite und betrachtete Borchains Villa so interessiert, als wäre es eine Kathedrale.

11

Während zwei Gendarmen auf ihre Art das ›Beweisstück‹ bewachen, sucht der kleine Doktor farbige Briefumschläge

Erinnert dich das nicht an etwas?«

»Na ja. Alles ein wenig. Der Himmel sieht aus wie eine Traueranzeige, die Bäume, der Wind …«

»Mich erinnert es daran, wie ich als Kind mit der ganzen Familie Allerheiligen zum Friedhof gegangen bin.«

»Übermorgen ist Allerheiligen«, brummte der erste Gendarm düster.

Denn es waren zwei Gendarmen, die da im Moor vom Bois Bézard auf einem Steinhaufen saßen und sich unterhielten.

»Was tun wir hier eigentlich noch? Es gibt nichts zu bewachen, da man die Leiche abtransportiert hat.«

»Vermutlich bewachen wir den Tatort«, antwortete der andere gelassen.

In Wahrheit bewachten sie gar nichts, und wenn sie um sechs Uhr abends am Ende eines scheußlichen Herbsttages noch dort waren, dann darum, weil jene, die die Untersuchung leiteten, sie einfach vergessen hatten.

»Übrigens, was die Leiche angeht, so bin ich froh, dass sie sie mitgenommen haben …«

»Graut's dir davor?«

»Das nicht. Aber sie hat gestunken.«

Und der Gendarm mit der feinen Nase begann sich eine Zigarette zu drehen, schnüffelte an seinen Fingern und runzelte die Stirn.

»Komisch, ich habe diesen verdammten Geruch immer noch in der Nase. Riechst du nichts?«

»Ich bin erkältet …«

»Es ist blöde, sich so was einzubilden, aber ich könnte schwören, selbst meine Zigarette …«

Plötzlich riss er die Augen auf, erhob sich und stammelte fast tonlos: »Ernest!«

»Was?«

»Sieh doch … Neben deinem Fuß …«

Jetzt stand auch Ernest auf und trat schnell ein paar Schritte zurück.

»Noch eine Leiche!«

Jedenfalls ragten zwei Finger zwischen den Steinen hervor.

»Wollen wir nachsehen?«

»Ich glaube, es ist besser, die Chefs zu benachrichtigen … Bleib hier … Ich werde anrufen.«

»Warum gehen wir nicht zusammen? Wir türmen ja nicht.«

Und so zog man um acht Uhr abends in Gegenwart des Gendarmeriehauptmanns eine weitere Leiche aus dem Steinhaufen heraus. Die eines etwa dreißigjährigen Mannes, der einen Sportanzug trug.

Es war kaum fünfzig Meter von der Stelle entfernt, wo man Isidore Borchain gefunden hatte. Doch während man Borchains Leiche einfach ins Schilf geworfen hatte, war die des Unbekannten sorgfältig mit Steinen bedeckt worden.

Es war jetzt stockdunkel, und der Gendarm, der keine Leichen mochte, flüsterte seinem Kameraden ins Ohr:

»Hauptsache, wir müssen die nicht bis zum Morgen zu bewachen ... Ganz abgesehen davon, dass es regnen wird.«

Der kleine Doktor konnte nicht gleichzeitig in Nevers und im Bois Bézard sein, sodass er noch nichts von dieser neuen Entdeckung wusste.

Er ermittelte auf seine Weise, am Rande der amtlichen Untersuchung, und er war darum besonders zufrieden mit sich, weil diese Ermittlungen ihn dazu gebracht hatten, wieder einmal zwei Pernod zu trinken. Zum Telefonieren hatte er in ein Café gehen müssen. Und in einem Café muss man etwas trinken. Außerdem ließ die Verbindung mit Montauban auf sich warten.

Er hatte im Telefonbuch den bedeutendsten

Zahnarzt von dort herausgesucht. Und endlich hatte er ihn am Apparat.

»Hallo! Monsieur Geroul? … Entschuldigen Sie bitte die Störung. Ich wollte Sie nur fragen, ob Monsieur Borchain vor Kurzem bei Ihnen war, Monsieur Isidore Borchain, Vertreter …«

»Ich weiß. Ich kenne ihn. Ich erwarte ihn schon seit drei Wochen, weil er um diese Zeit immer in der Gegend ist. Haben Sie etwas von ihm gehört?«

»Wie meinen Sie das?«

»Ich muss ihn wirklich dringend sehen … Mir sind einige Artikel ausgegangen. Und da er nicht gekommen ist, habe ich ihm zweimal nach Nevers geschrieben, aber keine Antwort erhalten.«

»Hallo! Trennen Sie nicht … Haben Sie ihm nach Nevers in die Avenue de la République geschrieben?«

»Ja, wie immer.«

»Im Lauf der letzten drei Wochen?«

»Den letzten Brief am vorigen Samstag.«

»Haben Ihre Umschläge einen Aufdruck?«

»Ja. Name und Adresse sind aufgedruckt.«

»Ich danke Ihnen.«

Und zur Belohnung bestellte er sich, als er aus der Telefonkabine kam, einen zweiten Pernod. Dann ging er bestens gelaunt, mit verschmitztem Blick, durch die Straßen von Nevers und musterte die Auslagen in den Schaufenstern. Ein Papiergeschäft erregte seine Aufmerksamkeit, aber nachdem er die im Schaufenster ausgestellten bunten Tinten, Lineale, Kompasse betrachtet hatte, ging er achselzuckend weiter. Er verließ das Stadtzentrum und gelangte in einen Außenbezirk, wo er endlich das Gefühl hatte, gefunden zu haben, was er suchte: einen kleinen Laden, halb Kurzwaren-, halb Papiergeschäft. Es gab hier Unmengen von Zeitungen, billigen Romanen, Strickmustern und kitschigen Ansichtskarten.

»Ich hätte gern hübsches Briefpapier, Madame ... Das beste, das Sie haben ... Am liebsten farbiges ... Rosa zum Beispiel.«

Er war selig. Die Verkäuferin zeigte ihm eine Mappe mit sechs Bogen und sechs Umschlägen in verschiedenen Farben, vom schönsten Rosa bis zum schönsten Grün, und obendrein waren sie moiriert.

»Dies ist das allerbeste«, sagte sie sehr ernst. »Es ist sehr vornehm.«

Er kaufte die Mappe und fünfzig Briefmarken zu einem Sou.

»Es müssen Ein-Sou-Briefmarken sein?«

»Ja.«

Dann kam der dritte Aperitif an die Reihe. Wo soll man in einer Stadt, die man nicht kennt, einen Brief schreiben, wenn nicht in einem Café. Der Kellner sah ihm aus der Ferne mit einigem Erstaunen zu.

Auf einen rosa Umschlag schrieb er zunächst mit lila Tinte folgende Adresse:

Mademoiselle Nicole
Bei Monsieur Isidore Borchain
25, Avenue de la République, Nevers

In diesen Umschlag steckte er einen unbeschriebenen Bogen. Dann klebte er anstelle einer Marke zu neunzig Centime achtzehn Marken zu einem Sou auf die Vorder- und Rückseite, was dem Brief ein komisches Aussehen gab.

Dann nahm er einen grünen Umschlag, klebte wieder achtzehn Marken zu einem Sou darauf, adressierte ihn jedoch an Madame Marthe Borchain.

»Man wird sehen, was sich daraus ergibt …«

Er hatte sein Tagessoll noch lange nicht erfüllt, und sein Gehirn arbeitete so schnell, wie sich seine kurzen sehnigen Beine bewegten. Der Kommissar war zu dieser Zeit bereits von dem neuen Fund im Bois Bézard unterrichtet worden, aber Dollent hielt weiter an seiner Idee fest. Ehe es Nacht wurde, hatte er noch eine Aufgabe vor sich.

Unweit der Brücke an der Straße nach Moulins sprach er einen Polizisten an.

»Sagen Sie, gibt es in Nevers einen Fischereiaufseher?«

»Einen Fischereiaufseher? … Sie wollen wissen,

ob's hier einen Fischereiaufseher gibt? Lassen Sie mich nachdenken, junger Mann. Sie müssten ihn in der Nähe des Wehrs finden … Damit hat die Stadtverwaltung nichts zu tun.«

Tatsächlich fand er unweit des Wehrs ein kleines Haus und einen großen Kerl, der eine Uniformmütze trug und dabei war, seine Ziege zu melken.

»Könnten Sie mir sagen, wie der Wasserstand am 1. Oktober war?«

»Wie der Wasserstand war?«

»Ja … War er hoch? … War er niedrig?«

»Niedrig natürlich. Es hatte ja seit dem Sommer nicht mehr geregnet. So niedrig, dass die Jungs an manchen Stellen Fische mit der Hand fangen konnten.«

»Ja, aber … Verzeihen Sie, wenn meine Frage lächerlich ist … Ich gestehe, ich verstehe nicht viel von Hydrographie … Gibt's hier im Fluss, der durch Nevers fließt, Löcher? … Sie nennen das vielleicht anders … Stellen, wo das Wasser tiefer ist?«

»Selbstverständlich. Beim dritten Brückenpfeiler gibt's ein bestimmt acht Meter tiefes Loch.«

»Beim dritten Brückenpfeiler? … Nein, das passt nicht … Ich brauche ein anderes Loch, näher am Ufer …«

Der Mann sah ihn verwundert an und fragte sich, was dieser junge Mann wohl mit so einem Loch machen wollte.

»Wie tief muss Ihr Loch sein?«

»Wie weit kann man ins Wasser sehen?«

»Kommt drauf an, ob es klar oder trübe ist. Im Augenblick sieht man Kieselsteine oder Sand, die einen Meter unter der Wasseroberfläche liegen …«

»Lassen Sie mich mal nachrechnen … Drei … Drei und zwei … Gibt es beim Ufer, an einer Stelle, die für Autos erreichbar ist, ein mindestens fünf Meter tiefes Loch?«

Der andere überlegte, nickte, spuckte aus und wurde misstrauisch.

»Das kommt darauf an, was Sie machen wollen.«

»Gar nichts … Ich suche ein Auto.«

»Ein Auto? … Dann gibt es nur ein Loch, das groß und tief genug ist. Am Quai des Tanneurs gleich neben einem Stapel Ziegelsteine.«

»Wären Sie bereit, mit mir dorthin zu kommen? Ich zahle auch. Sie müssten eine Angelrute, einen kleinen Nachen und vielleicht auch einen Enterhaken mitnehmen.«

Ein heftiger Regenschauer durchnässte sie, als der Fischereiaufseher nicht gerade begeistert mit dem Enterhaken den Grund des Lochs absuchte. Für ihn war das nicht so schlimm, denn er hatte einen Regenmantel an, aber der kleine Doktor hatte keinen Anzug zum Wechseln dabei.

»Nun?«

»Ich würde nicht wagen zu behaupten, es sei ein

Auto, da ich es nicht sehen kann. Aber dass dort auf dem Grund etwas liegt …«

»Man könnte vielleicht mit der Angelrute an den Rändern entlangfahren.«

Genau das passierte. Und dann waren sie fast sicher, dass es ein Auto war.

»Wie haben Sie das erraten?«, wunderte sich der Aufseher, den dieser fremde kleine Mann nervös machte.

»Ich habe es nicht erraten. Ich habe es gefolgert.«

Es war ganz einfach. Wenn Isidore Borchain nicht in seinem Auto weggefahren war … Wenn *er* das Auto gesteuert hatte, das an der Place Gambetta geliehen worden war …

Man muss sich eben an die Stelle der anderen versetzen. Borchain hatte ein bestimmtes Ziel, aber er wollte nicht in seinem Wagen dorthin fahren. Offensichtlich rechnete er damit, zurückzukommen. Denn es war mehr als unwahrscheinlich, dass er zum Bois Bézard gefahren war, um sich das Leben nehmen zu lassen.

Aber er war nicht zurückgekommen. Dagegen hatte man das Auto des Notars Humbert wieder an der alten Stelle geparkt. Warum hatte man danach Borchains Auto nicht in der Nähe gefunden?

Und wie kann man ein Auto, das einem im Weg ist, in einer Stadt, durch die ein Fluss fließt, schnellstens verschwinden lassen?

Der Sekretär des Kommissariats warf ihm einen bösartigen Blick zu. Vielleicht hatte sein Chef ihm von seinem Erlebnis mit dem kleinen Doktor berichtet.

»Ich muss dringend mit Ihrem Chef sprechen. Ich habe etwas Wichtiges entdeckt.«

»Bedaure. Der Chef ist nicht da. Und wenn Sie die zweite Leiche meinen, da kommen Sie zu spät.«

Jean Dollent runzelte die Stirn.

»Zweite Leiche?«

»Nun, tun wir so, als hätte ich nichts gesagt ... Wenn Sie den Chef sehen wollen, müssen Sie morgen Vormittag wiederkommen ... Dann werden Sie ja sehen, ob er Sie empfängt ...«

Zweite Leiche ... Zweite Leiche ... Zweite ...

Zwei Minuten später saß Dollent am Steuer seines Wagens und fuhr Richtung Bois Bézard. Er war verärgert. Gewiss, er hatte eben mit Isidore Borchains Auto einen hübschen Erfolg erzielt, aber das schien ihm jetzt nur noch zweitrangig zu sein.

Warum war er nicht seiner ersten Eingebung gefolgt? Jetzt würde ihm das niemand mehr glauben – am Nachmittag im Bois Bézard hätte er fast gerufen:

»Jetzt muss man nur noch die andere finden!«

Und das war nicht nur Intuition. Es war die Folge einer Überlegung, die vielleicht noch nicht ganz zu Ende gedacht war, aber doch Hand und Fuß hatte.

Wenn man eine zweite Leiche entdeckt hatte, dann konnte das nur dort sein, wo die erste gefunden worden war.

Der Automechaniker Espardon hatte ausgesagt:

»Zwei Männer und eine Frau …«

Der erste, der mehr als hundert Kilo wog, war Isidore Borchain.

Er war liquidiert worden.

Die Frau? Das würde man am nächsten Tag wissen, vorausgesetzt, der Trick mit den Briefumschlägen war geglückt.

»Jetzt hat man den anderen gefunden«, beschloss er und stieß einen anerkennenden Pfiff aus.

Dunkle Gestalten im Wald. Es war Nacht. Man sah die kleinen hellen Kreise der Taschenlampen hin und her huschen, hörte Stimmen, die sich etwas zuriefen.

Der kleine Doktor ging an einem Gendarm vorbei, der ihn in der Finsternis nicht sah. Er stieß fast mit dem Staatsanwalt zusammen.

»Sie!«, sagte eine wütende Stimme. »So etwas … Ich bitte Sie … Notfalls werde ich Ihnen befehlen …«

Es war die Stimme des Kommissars, der sich jetzt an den Staatsanwalt wandte.

»Dieser Mann, der behauptet, er sei Arzt, und der mir völlig unbekannt ist, hat die Frechheit besessen, sich als Gerichtsmediziner auszugeben und …«

»Verzeihung! Sie haben mich für den Gerichtsmediziner gehalten, und da Sie mir keine Frage gestellt haben, habe ich auch nicht antworten können. Und jetzt bin ich extra mit Ferblantine hergekommen …«

»Wer ist Ferblantine?«

»Das ist ein Kosename für mein Auto. Ich bin mit Ferblantine hergekommen, um Ihnen von dem Wagen zu berichten.«

So ein Witzbold war er nicht immer, aber hatte er nicht schon vier Aperitifs getrunken?

»Welcher Wagen?«

»Der von Isidore Borchain.«

»Sie haben den Wagen gefunden?«, sagte der Staatsanwalt erstaunt.

»Vor einer Stunde. Er liegt auf dem Grund der Loire, in einem Loch, beim Quai des Tanneurs …«

»Haben Sie ihn gesehen?«

»Ich habe ihn nicht sehen können, denn er liegt in sechs Metern Tiefe.«

»Wie können Sie dann …«

Waren es nicht Augenblicke wie dieser, die ihn für seine Mühen entschädigten?

»Es war bloß eine Idee … Ich habe mir gesagt … Übrigens, wie heißt der zweite Tote?«

Die Identifizierung war nicht schwer gewesen. In den Taschen des Mannes hatte man eine Brieftasche gefunden und darin einen Personalausweis, ausgestellt auf den Namen René Juillet, Industrieller aus Roubaix.

Der Kommissar wagte jetzt nicht mehr, den kleinen Doktor fortzujagen, dessen Eingreifen sogar der Staatsanwalt bewundert hatte. Hatte der nicht gemurmelt:

»Entweder ist das ein Wichtigtuer oder ein außergewöhnlicher Mann. Fühlen Sie ihm doch mal auf den Zahn.«

Darum befand sich Dollent um zehn Uhr abends im Kommissariat, wo die Untersuchung trotz der späten Stunde fortgesetzt wurde.

Schon bei den ersten Worten am Telefon war der Polizeibeamte in Roubaix vor Erregung aufgesprungen.

»Sagten Sie ›Juillet‹? ... Sie haben René Juillet gefunden?«

Informationen über ihn gab es im Überfluss, nur nicht solche, die von Interesse hätten sein können.

Der Vater betrieb eine kleine Spinnerei. René Juillet, dreißig Jahre alt und Junggeselle, arbeitete mit ihm zusammen. Er kümmerte sich vor allem um den Verkauf und reiste viel. Er besaß ein Eisenbahnabonnement für ganz Frankreich.

Seit über drei Wochen hatte man nichts mehr von

ihm gehört, sein Vater hatte die Polizei alarmiert, aber alle Nachforschungen blieben ergebnislos.

»Wissen Sie, ob er eine Geliebte hatte?«

»Er hatte keine.«

»Kann es sein, dass er geschäftlich nach Nevers musste?«

»Das ist unwahrscheinlich.«

»Wo hat man ihn zum letzten Mal gesehen?«

»Am 29. September hat er Roubaix verlassen, um zunächst nach Paris zu fahren und dann in den Osten, wo er nur drei oder vier Tage bleiben wollte. Als er dann nicht zurückkam und der Vater durch Geschäftsfreunde erfuhr, dass sein Sohn weder in Colmar noch in Mulhouse gewesen war, hat er sich an die Polizei gewandt.«

»Was halten Sie davon, Herr Kommissar?«

Der kleine Doktor heuchelte tiefen Respekt. Die Ironie war nicht zu überhören.

»Ich glaube«, antwortete der Beamte ziemlich kühl, »dass wir bald die Lösung des Rätsels kennen werden.«

»Das glaube ich auch.«

Und er sagte das so, dass der Kommissar ihn misstrauisch anblickte, überzeugt davon, dass Dollent etwas vor ihm verbarg.

»Können Sie mir sagen, welcher Zufall Sie, der Sie, wie Sie behaupten, Arzt in Marsilly sind, nach

Nevers gebracht hat, fern von Ihren Patienten, die Ihre ärztliche Betreuung brauchen?«

»Ich bin extra für diesen Fall hergekommen.«

»Sie waren also auf dem Laufenden?«

»Durch die Zeitungen, wie alle.«

»Und Ihre Neugier war so groß, dass Sie alles stehen und liegen lassen haben, um …«

Der kleine Doktor musste lachen, denn er spürte, er wurde verdächtigt, und sah den Augenblick voraus, da der Kommissar ihn beim Schlafittchen packen würde.

»… um die Lösung zu finden, ja, Herr Kommissar. Seit einigen Monaten ist das ein Hobby von mir. Andere spielen Schach oder sammeln Briefmarken. Aber ich will Sie nicht länger aufhalten. Gute Nacht, Herr Kommissar … Übrigens …«

Er war schon an der Tür, hatte sie halb geöffnet und tat so, als hätte er etwas vergessen.

»Noch eine Frage. Wenn ich morgen Vormittag … sagen wir, gegen neun … den Mörder von Isidore Borchain enttarne … muss ich mich dann an Sie wenden oder direkt an die Staatsanwaltschaft?«

»Ich werde den ganzen Vormittag in meinem Büro sein … Aber ich bezweifle, dass … Hm … Jedenfalls, sollten Sie den Mörder von Isidore Borchain und René Juillet finden …«

»Den von Juillet werde ich nicht finden …«

»Warum?«

»Darum.«

Wenn er es so weitertrieb, würde er sich noch alle Kommissare Frankreichs zu Feinden machen.

Ehe er in seinem kleinen Zimmer im Hôtel de la Paix einschlief, sagte er sich:

»Schon wahr, sollten sich Amateure ein Vergnügen daraus machen, meine Patienten zu behandeln …«

III

Während der rosa und grüne Brief ihre Rolle spielen und der kleine Doktor seine Schlüsse zieht, betrachtet ihn der Kommissar voller Wut

Sechs Uhr morgens. Der frühe Vogel fängt den Wurm, sagt man. Der kleine Doktor rasiert sich vor einem blinden Spiegel, geht hinunter, findet nur den Nachtportier, der ihm schlechten Kaffee aufwärmt, und kippt lieber einen Calvados, um seinen Magen ins Gleichgewicht zu bringen.

Der Himmel ist klarer. Alle Wolken, die von Westen gekommen waren, sind nach Osten weitergezogen, und über die Dächer spannt sich ein blassblauer Himmel.

Quai des Tanneurs. Ungewohnter Krach. Eisen knirscht, ein Motor heult, Leute schreien, und die Pfiffe werden die guten Leute, die am Quai wohnen und noch schlafen, in ihren Betten hochfahren lassen. Staatsanwalt und Kommissar haben keine Zeit verloren. Es sieht so aus, als wollten sie, wie der kleine Doktor, einen Rekord brechen. Ein Kran arbeitet. Ein Flachboot vom Brücken- und Straßenbauamt. Ein weiteres Schiff mit einer Pumpe für den Taucheranzug.

Schon taucht die kupferne Glocke des Tauchers auf, und die Fotografen knipsen.

Der kleine Doktor hatte geglaubt, zu früh zu kommen. Nun kommt er fast zu spät, denn die Beamten und die Journalisten sind schon da.

Natürlich, es handelt sich schließlich um René Juillet, einen vermögenden Mann, der im Norden eine bedeutende politische Stellung einnimmt. Die Pariser Presse läuft auf Hochtouren.

DIE GEHEIMNISSE VON NEVERS

Fett gedruckte Schlagzeile. So wie man einst *Die Geheimnisse von Chicago* schrieb.

Anweisungen werden gegeben; man will die Sache so schnell wie möglich beenden.

Der Taucher hat Ketten an dem Auto befestigt, der Kran arbeitet, eine Kette reißt und muss durch eine andere ersetzt werden. Journalisten umringen den kleinen Doktor, der als Detektiv zum ersten Mal Kontakt mit der Presse bekommt.

»Sie sind doch derjenige, der entdeckt hat …«

Er spielt den Bescheidenen, aber er ist sehr zufrieden. Man geht mit ihm in ein Bistro in der Nähe, damit er von seinen Überlegungen berichtet.

Calvados! Ist es seine Schuld, dass der Kaffee so

schlecht ist? Er weiß genau, dass es falsch ist, dass es noch etwas zu früh ist, mit dem Trinken zu beginnen, aber man drängt ihn, man feiert ihn.

»Sie sind also Wissenschaftler …«

»Hm … eigentlich nicht … Ich gehe von einem bestimmten Punkt aus … Ich sage mir … Mein Gott! Wie schwierig es ist, das zu erklären!«

»Halten Sie bitte ganz still … Vielen Dank.«

Er wird fotografiert. Wie ein Mörder oder ein Filmstar.

»Was halten Sie von der Sache?«

»Zwischen neun und zehn werde ich Ihnen alles erklären. Ich habe dem Kommissar gesagt …«

»Sie behaupten, in drei Stunden haben Sie das Geheimnis gelöst?«

Er senkt in falscher Bescheidenheit die Augen. Aber sind es nicht die anderen, die ihn bestürmen? Ihm wäre nichts lieber, als auf seine Art allein zu arbeiten, aber die anderen wollen ihn durchaus zum Sprechen bringen.

»Kurzum, in dem Auto saßen drei Personen, zwei Männer und eine Frau, und davon sind Sie ausgegangen, um …«

»Genau … Versetzen Sie sich an die Stelle von …«

»Bitte nicht an die der beiden Männer, vielen Dank.«

»Eben, ich wollte sagen: Versetzen Sie sich an die Stelle der Frau … Verzeihung … Eine Frage: Um wie viel Uhr wird in Nevers die erste Post ausgetragen?«

»Um halb neun.«

»Vielen Dank.«

Also wird er es um neun wissen. Inzwischen hat man das verschlammte Auto aus dem Wasser gezogen. Das Kennzeichen wird kontrolliert. Es ist tatsächlich der große amerikanische Wagen von Isidore Borchain, und kaum steht er auf dem Quai, da stürzt schon ein Mechaniker, den der Kommissar mitgebracht hat, herbei und steigt in das triefende Auto.

»Wie Sie gedacht haben, Herr Kommissar … Die Zündung ist nicht ausgeschaltet. Man hat den Motor laufen lassen … Man hat die Kupplung von außen bedient, mithilfe irgendeines Gegenstandes, dann den Wagen angeschoben, und er ist auf den Fluss zugefahren und hineingestürzt …«

»Entschuldigen Sie, Herr Kommissar …«

»Sie sind auch hier?«

Es war der kleine Doktor.

»Ich möchte Sie bitten, mich um neun Uhr bei einem ziemlich heiklen Unternehmen zu begleiten … Vielleicht würde auch der Herr Staatsanwalt bereit sein, sich uns anzuschließen.«

Die beiden Männer sahen sich an. Man merkte, der Staatsanwalt hatte größere Lust als der Kommissar.

»Ist es weit?«

»Keineswegs … Avenue de la République. Ich glaube, danach wird es kein Geheimnis mehr geben.«

Auf dem Weg – die Journalisten und Fotografen folgten ihnen – konnte er nicht umhin zu sagen:

»Was für ein grässlicher Wichtigtuer ich geworden bin.«

Aber stimmte das wirklich? Zwei Mal, bei dem Fall Maison-Basse und dem von Royan, war ihm alles so meisterlich geglückt, dass er nicht mehr an sich zu zweifeln vermochte. Auch jetzt wieder, dieses Auto …

»Was wir da tun, ist fast regelwidrig, Herr Doktor«, seufzte der Staatsanwalt. »Ich hoffe, Sie ziehen die Justiz nicht in etwas hinein, das sie lächerlich machen könnte.«

Er hatte Angst, und zwar so große, dass er am liebsten in das erstbeste Bistro gegangen wäre, um etwas Starkes zu trinken und sich damit Mut zu machen.

»Sobald wir das Haus betreten haben, werde ich Ihnen, Herr Staatsanwalt, sagen können, ob wir Erfolg haben oder nicht.«

Borchains Villa … Die Freitreppe, die schwere Tür, die sich öffnete, und der Diener in weißer Jacke …

Dollent sieht auf seine Uhr. Es ist Punkt neun.

Die beiden anderen, Staatsanwalt und Kommissar, sehen ihn an.

»Sagen Sie, mein Lieber …«

Das war ein Ausdruck, den er sich seit seinem Gespräch mit dem Fischereiaufseher gestern Abend zu eigen gemacht hatte, aber dem Diener schien diese Vertraulichkeit nicht zu schmeicheln.

»Wer nimmt die Post aus dem Briefkasten?«

»Ich.«

»Haben Sie sie heute schon den Damen hinaufgebracht?«

»Vor etwa zehn Minuten habe ich …«

»Sehr gut … sehr gut … Also bringen *Sie* die Post nach oben?«

»Ich nehme sie aus dem Kasten, sortiere sie und gebe sie dann den Dienstmädchen.«

»Ich sehe, der Briefkasten ist abgeschlossen … Hat außer Ihnen noch jemand einen Schlüssel?«

»Ich glaube, Monsieur hatte einen, aber er hat ihn nie benutzt.«

»Ich nehme an, Sie werfen, unwillkürlich, einen Blick auf die Umschläge … Selbstverständlich unterstelle ich Ihnen keine krankhafte Neugier … Wenn man die Post sortiert, ist es nur natürlich …«

»Was wollen Sie damit sagen?«

»Sind Ihnen zum Beispiel heute Morgen einige Briefe durch ihr Aussehen aufgefallen?«

Der Diener riss die Augen auf, und der Staatsanwalt und der Kommissar, die nichts von alldem begriffen, sahen ihn verblüfft an.

»Woher wissen Sie das?«

»Das spielt keine Rolle. Sagen Sie, was Ihnen aufgefallen ist. Haben Sie keine Angst …«

»Ich war über einen Umschlag erstaunt, der eine komische grüne Farbe hatte und vorn und hinten mit Ein-Sou-Briefmarken beklebt war. Er war für Madame …«

»Ist das alles?«

»Sonst ist mir nichts aufgefallen … Prospekte … Rechnungen …«

»Sind Sie ganz sicher?«

»Ganz sicher.«

»Würden Sie uns jetzt in den Salon führen und die beiden Damen bitten herunterzukommen?«

Sie kamen sich vor wie in einer Sakristei und senkten die Stimmen, während sie über sich Schritte hörten. Der Staatsanwalt sagte:

»Herr Doktor, ehe Sie noch weiter gehen, würden Sie uns bitte erklären …«

»Das ist ganz einfach … Ein Zahnarzt aus Montauban hat mir gestern versichert, zweimal an Isidore Borchain geschrieben zu haben, um ihn nach dem Grund seines Schweigens zu fragen, denn er erwartete Borchain seit Anfang des Monats … Aber niemand hat uns etwas von diesen

Briefen gesagt … Sie müssen zugeben, dass das seltsam ist … Umso mehr, da ich mich gestern erkundigt habe und man mir erklärt hat, die Post werde nicht nachgeschickt. Normalerweise wird sie von Madame Borchain geöffnet. Wenn sie die beiden Briefe gelesen hätte, wüsste sie, dass ihr Mann …«

»Das stimmt!«

»Warten Sie … Ich habe einen rosa und einen grünen Brief hierhergeschickt, und diese ungewöhnlichen Farben habe ich gewählt, weil ich sicher sein wollte, dass derjenige, der damit beauftragt ist, morgens den Briefkasten zu öffnen und die Post zu verteilen, sie gleich bemerkt … Angenommen, jemand hat die Angewohnheit, den Kasten vor dem Diener zu öffnen und einen Teil der Briefe herauszunehmen … Dann müsste die betreffende Person wissen, dass Borchain nicht in Montauban war.«

Allmählich war der Kommissar wirklich erbost, zumal der Staatsanwalt ihm einen scharfen Blick zuwarf, der zu sagen schien:

»Dieser Mann ist wirklich großartig! Oder haben Sie etwa daran gedacht?«

Als Erste kam Madame Borchain im Negligé herunter. Sie war sehr blass, wirkte leidend und entschuldigte sich:

»Messieurs, mit einem so frühen Besuch habe ich nicht gerechnet … Ich habe heute Nacht nicht geschlafen und war noch …«

»Bitte entschuldigen Sie, dass wir Sie so überfallen, aber die Untersuchung erfordert es und unser Wunsch, den Mord an Ihrem Mann …«

Jetzt erschien Nicole. Sie hatte tiefere Ringe unter den Augen als ihre Schwester, blickte nervös um sich, und ihr Mund war verkniffen.

»Was wollen denn Sie schon wieder?«, fragte sie. »Wie lange wird man uns noch quälen?«

Da blickte Dollent seine beiden Begleiter fragend an. Sie schienen ihm freie Hand zu lassen, und er begann:

»Nehmen Sie einmal an, dass Isidore Borchain bei seiner unerwarteten Rückkehr in dieses Haus – vergessen Sie nicht, dass er statt wie gewöhnlich mit dem Schiff mit dem Flugzeug zurückgekommen war … nehmen Sie also einmal an, dass Borchain einen Mann, einen Unbekannten, im Schlafzimmer der Frau fand, die er liebte.

Sie haben nur seine Leiche gesehen, aber Sie können sich vorstellen, wie er zu seinen Lebzeiten war: kräftig, aufbrausend, grausam.«

»Ich bitte Sie …«, seufzte Madame Borchain.

»Verzeihen Sie, Madame, aber ich glaube, es ist nötig, jetzt alles zu sagen … Borchain erwürgt seinen Rivalen … Man hat doch an der zweiten Leiche, der von René Juillet, Würgemale entdeckt, nicht wahr, Herr Kommissar? … Obendrein hat Borchain den Mann gekannt. Er ist ihm einmal in

Roubaix vorgestellt worden, aber nur als ein Bekannter der Frau, die er liebte.

Ich bitte Sie noch einmal um Verzeihung, Madame, und flehe Sie an, mich alles sagen zu lassen.

Als Borchain Sie geheiratet hat, war Ihre Schwester im Grunde noch ein Kind. Sie ist größer geworden, und Ihr Mann hat sie nach und nach mit anderen Augen gesehen … Als sie dann nach dem Tod Ihrer Eltern zu Ihnen gezogen ist, musste zwangsläufig das geschehen, was geschehen ist.

Sie ist die Geliebte Ihres Mannes geworden … Sie, nur sie allein zählte für ihn.«

Marthe Borchain sah die drei Männer verstört an, während Nicole den Mund zu einem sarkastischen Lächeln verzog.

»Kommen wir jetzt zur Tat … Borchain kehrt zu früh von seiner Reise zurück, findet einen Mann, diesen René Juillet, im Schlafzimmer seiner Schwägerin vor, begreift, dass er schon lange ihr Liebhaber ist, es schon in Roubaix war, und in seiner Wut erwürgt er ihn.

Am Abend, als seine Frau zu Bett gegangen ist, zwingt er Nicole, ihn zu begleiten. Er lässt seinen Wagen in der Garage oder in einer Straße in der Nähe … Um keine Spuren zu hinterlassen, nimmt er sich das erstbeste Auto und setzt die Leiche neben seine verängstigte Schwägerin.

Eine Einzelheit hatte er nicht bedacht … Der

Tank des geliehenen Autos ist fast leer. Als er es bemerkt, hat er gerade noch Zeit, vor Espardons Tankstelle zu halten.

Wie reagiert Nicole in diesem Augenblick? Sie kennt ihren Schwager, weiß, dass er gewalttätig sein kann. Fürchtet sie, dass er auch sie töten wird?

Als das Auto anfährt (vielleicht hat die Leiche sie bei dem Ruck berührt) kann sie einen Hilferuf nicht unterdrücken.

Und jetzt sind wir im Bois Bézard.

René Juillet wird unter den Steinen begraben … Welche Szene spielt sich zwischen dem Paar ab?

Jedenfalls gelingt es Nicole, die der Schwager vielleicht bedroht hat, seinen Revolver zu ergreifen. Sie erschießt ihn und lässt seine Leiche im Schilf liegen.

Humberts Wagen wird dorthin zurückgebracht, wo er geparkt war.

Borchains Auto muss verschwinden, damit man nicht zu schnell über seine Abwesenheit beunruhigt ist … Da ist der Fluss …

Und mit der Zeit …

Es genügt, morgens die Post aus dem Briefkasten zu nehmen, die verraten könnte, dass Borchain gar nicht im Süden ist, wie alle glauben. Und schließlich heute Morgen einen an Mademoiselle Nicole adressierten rosa Brief an sich zu nehmen, dessen seltsames Aussehen nichts Gutes verheißt …«

Nicole grinste nach wie vor spöttisch. Madame Borchain hatte den Kopf in die Hände vergraben und murmelte:

»Das ist ja schrecklich! … Das ist ja schrecklich! … Wer hätte so etwas gedacht …«

Dem Staatsanwalt war nicht wohl zumute. Plötzlich erhob sich der Kommissar. Es hatte an der Tür geklingelt.

»Gestatten Sie?«, sagte er. »Das muss für mich sein … Ich erwarte einen Eilbrief, und ich habe mir erlaubt …«

Selten hatten sich in einem Zimmer versammelte Menschen so unbehaglich gefühlt. Auch der kleine Doktor musterte, nachdem er seinen Bericht beendet hatte, jeden beunruhigt und fragte sich, ob er nicht zu weit gegangen sei.

Aber er hatte doch seine Methode angewandt. Er hatte bis zum Ende logisch gefolgert, hatte sich an die Stelle jedes Einzelnen versetzt. Warum begegnete ihm Nicole, statt ihn wütend anzusehen, mit bitterer Ironie?

»Messieurs …«

Der Kommissar kehrte in den Raum zurück, nachdem er nur wenige Augenblicke in der Diele gewesen war.

»Herr Staatsanwalt, ich muss Sie bitten, einen Haftbefehl gegen …«

Er warf dem kleinen Doktor einen merkwürdigen Blick zu, und dieser wäre am liebsten im Erdboden versunken, da er glaubte, sich von A bis Z getäuscht zu haben.

»... gegen Madame Isidore Borchain, geborene Marthe Tillet, zu erlassen, die beschuldigt wird, ihren Mann mit dessen Revolver im Bois Bézard ermordet zu haben.«

Die junge Frau blickte erstaunt auf. Sie wollte protestieren:

»Aber der Doktor hat doch gerade bewiesen ...«

»Der Doktor, Madame, ist vielleicht ein ausgezeichneter Psychologe und ein ausgezeichneter Logiker ...«

Am liebsten hätte Dollent sich dankend verneigt!

»... aber ihm stehen nicht die Mittel der Polizei zur Verfügung. Diese Geschichte wird ihm beweisen, dass wir besser ausgerüstet sind, als er glaubt. Gestern Abend, als die Identität der zweiten Leiche, der von René Juillet, feststand, habe ich sogleich die Polizei in Roubaix gebeten, mir per Funk alle Fotos von Frauen zu schicken, die man im Zimmer des jungen Mannes findet.

Hier sind sie ... Sie sind eben angekommen ... Es sind nur Fotos von Ihnen, Madame, auf einigen steht eine Widmung.

Sie waren also Juillets Geliebte. Sie waren es, die ihn während der Abwesenheit Ihres Mannes regelmäßig hier empfing ... Und das erklärt wohl auch, warum der arme Juillet nicht geheiratet hat … Borchain hat Sie mit ihm überrascht … Vor Ihren Augen hat er ihn erwürgt … Sie hat er gezwungen, ihn zum Bois Bézard zu begleiten, um die Leiche dort zu begraben.

Und Sie sind es auch, Madame, die sich an der Tankstelle gefragt hat, ob Ihr Schicksal nicht ebenso dramatisch geregelt werden würde, und die dann um Hilfe gerufen hat.

Also haben Sie Borchain erschossen.

Und Sie haben, zurück in Nevers, den Wagen an einer Stelle, die Sie kannten, in die Loire gestoßen.

Und Sie haben jene Briefe vernichtet, die Sie darüber unterrichteten, dass Ihr Mann nicht im Süden war. Heute Morgen haben Sie den rosa Brief an Ihre Schwester gefunden.

Um jeden Verdacht von sich abzuwenden, haben Sie auch den beseitigt.«

Jemand fuhr hoch wie ein Springteufelchen. Es war der kleine Doktor.

»Phantastisch, Herr Kommissar!«

Und der Kommissar sagte großmütig:

»Sie haben nur einen Fehler gemacht, Doktor, aber Sie müssen zugeben, dass er entscheidend war. Sie dachten, die Adressatin des Briefes habe ebendiesen Brief auch geklaut, aber die Adressatin …«

Und die, das heißt Nicole, war aufgestanden und sagte seufzend:

»Machen Sie endlich Schluss. Es ist widerlich, wie Sie sich gegenseitig Honig um den Mund schmieren ...«

»Sie wussten alles?«

»Ich habe es geahnt. Seit gestern war ich mir sicher ... Aber das ist kein Grund, ein langes Gespräch zu beginnen ...«

Sie musterte ihre Schwester streng. Der kleine Doktor fing diesen Blick auf. Und er kam zu der Überzeugung, dass Nicole in ihrem tiefsten Innern eifersüchtig auf Marthe Borchain war, nicht ihres Mannes, sondern René Juillets wegen.

»Es tut mir leid, Madame, aber ich muss Sie verhaften und der Staatsanwaltschaft von Nevers übergeben, die ...«

»Verstehen Sie jetzt, Doktor?«

»Was meinen Sie?«

Sie aßen in einem kleinen Restaurant am Ufer der Loire zu Mittag. Der Himmel war jetzt ganz klar.

»Sie sind wirklich einfallsreich, das steht fest. Sie haben mit Ihren Mitteln fast die ganze Wahrheit entdeckt ... Aber ich betone, *fast* ... Wir sind vielleicht nicht so schlau ... Wir gehen nicht so subtil vor ... Dagegen verfügen wir über eine Organisation, die ... So haben Sie nicht daran gedacht, dass ein junger Mann, der regelmäßig nach Nevers kommt, um seine Geliebte zu besuchen, ohne jemandem etwas davon zu sagen, Fotos von dieser Frau in seinem Zimmer haben muss … Und selbst wenn Sie daran gedacht hätten, Sie hätten nicht erreichen können, dass …«

Und der kleine Doktor war bereit, für seine kleinen Sünden des Stolzes zu büßen, und angesichts der köstlichen Hechtklößchen gestand er:

»Ich habe nicht daran gedacht …«

Trotzdem hatte er die ganze Wahrheit entdeckt, bis auf die Schwester!

Das würde ihm künftig eine Lehre sein.

Denn er hatte Blut geleckt, wie man so sagt.

Schlecht für die gute Anna und ihre Ragouts, die nun oft anbrennen würden.

Das Gespenst von Monsieur Marbe

I

Ein seltsamer Biedermann will durchaus an Gespenster glauben, und der kleine Doktor hält sich beinahe für einen Kriminalbeamten

Es geschah selten, doch es kam vor: kein Anruf in der Nacht. Kein dringender Fall unter all seinen Patienten. Und so saß der kleine Doktor um acht Uhr morgens behaglich in seinem Bett, das Tablett mit dem Frühstück auf den Knien, einige Briefe, die der Postbote eben gebracht hatte, in Reichweite.

Es war zu schön! Er hatte seinen Milchkaffee noch nicht ausgetrunken, da läutete es an der Haustür – er hatte sich immer vorgenommen, die Klingel durch eine leisere zu ersetzen, es aber immer wieder vergessen –, und man hörte gedämpfte Stimmen im Flur, dann das unangenehme Geräusch der Wartezimmertür, die sich öffnete und wieder schloss.

Kein Zweifel: ein Patient, und es musste ein dringender Fall sein, denn Anna hatte ihn nicht gebeten, zur Sprechstunde um neun wiederzukommen.

Der kleine Doktor riss in aller Eile den letzten Brief auf, der auf der Bettdecke lag. Da stand Anna schon in der Tür.

»Was ist?«

»Es ist Père Canut …«

»Der wieder einmal betrunken war und vom Fahrrad gefallen ist?«

»Seine Nase ist ganz geschwollen.«

»Er soll Jodtinktur draufschmieren. Langsam bin ich es leid, dass er mindestens einmal in der Woche vom Rad fällt und mich mit seinen Schrammen belästigt.

Sagen Sie, Anna …«

»Was?«

»Was halte ich in der Hand?«

»Wie soll ich das wissen? Ein Stück Papier …«

»Sehen Sie es sich genau an.«

»*Zahlen Sie im Auftrag von …*«

Anna buchstabierte mühsam.

»Sehen Sie denn nicht, dass es ein Scheck ist? Und nun lesen Sie die Summe vor: fünftausend … fünftausend Franc, wohlgemerkt. Und wenn Sie jetzt noch wissen wollen, was manche Leute von einigen meiner Talente halten, dann lesen Sie diesen Brief, während ich dusche.«

»Aber Père Canut …«

»… ist gut aufgehoben, wo er ist … Und wenn Sie den Brief gelesen haben, dann packen Sie meinen Koffer, tun einen Anzug und Wäsche für mehrere Tage hinein …«

»Und ich werde Doktor Magné anrufen, damit er sich um Ihre Patienten kümmert. Wenn das so weitergeht, lässt er sich wohl besser ganz hier nieder …«

»Lesen Sie, Anna«, rief er durch die offene Badezimmertür.

Und während das Wasser über seinen Körper floss, begann er zu singen.

Sehr geehrter Herr Doktor,

entschuldigen Sie, dass ich mich an Sie wende und Sie belästige, obwohl Sie mich nicht kennen und es sich auch nicht um eine medizinische Angelegenheit handelt. Doch Sie werden meine Kühnheit verstehen, wenn Sie das Folgende gelesen haben.

Ich wohne seit mehreren Jahren in Golfe-Juan, zwischen Cannes und Juan-les-Pins. In der vorigen Woche habe ich zu meiner Freude einen Mann getroffen, mit dem ich einst in den Kolonien bekannt war, als er dort als Richter tätig war. Es ist Staatsanwalt Verdelier aus Nevers.

Unsere Beziehungen waren immer sehr herzlich, und so habe ich ihm von meinen Sorgen berichtet und dass die hiesige Polizei mir nicht helfen konnte. Da hat er von Ihnen erzählt.

Nach dem, was er mir berichtete, hat er Sie vor Kurzem in Nevers bei der Arbeit beobachtet, wo Sie durch Ihr Eingreifen in eine Untersuchung außergewöhnliche Resultate erzielt haben.

Allerdings hat mein Freund, der Staatsanwalt, hinzugefügt, Sie wären kein Berufsdetektiv, Sie interessierten sich nur für wenige Fälle und nur weil Ihnen das Spaß machte, seien aber eigentlich als Arzt in Marsilly tätig.

Doch ich glaube, mein Fall wird Sie interessieren, und darum erlaube ich mir, Sie zu bitten, so schnell wie möglich herzukommen.

Glauben Sie nicht, ich wäre verrückt. Gewiss, einige Leute hier halten mich für ein Original, doch das kommt wohl daher, dass ich mein ganzes Leben in den hintersten Winkeln der Welt verbracht habe, was gewiss mein Wesen beeinflusst hat.

Seit einigen Wochen geschehen in meinem Haus, das ich mir habe bauen lassen, unglaubliche Dinge.

Die Polizei ist hier gewesen, hat aber von allem nichts verstanden. Ich glaube, man denkt fast, ich sei geistesgestört.

Davon kann keine Rede sein. Mein Freund, Staatsanwalt Verdelier, ein ruhiger, ausgeglichener Mann, wird Ihnen das notfalls bestätigen.

Zweimal wöchentlich kommt ein Unbekannter

in mein Haus und bringt hier alles in Unordnung, aber es ist mir noch nie gelungen, ihn zu sehen.

Ich weiß nicht, um was es sich handelt.

An Gespenster glaube ich nicht.

Und dennoch …

Wenn Sie erst hier sind, werden Sie meine Angst besser verstehen, und darum gestatte ich mir, diesem Brief zur Deckung Ihrer ersten Unkosten einen bescheidenen Scheck beizufügen.

Ich zähle auf Sie. Wie man mir gesagt hat, interessieren Sie sich besonders für Rätsel. Glauben Sie mir, dies ist eins der verwirrendsten, denen man begegnen kann.

Telegraphieren Sie mir, wann Sie ankommen. Ich werde dann am Bahnhof sein. Da die Schnellzüge nicht in Golfe-Juan halten, werde ich Sie mit meinem Wagen in Cannes abholen.

Mit bestem Dank im Voraus bin ich

Ihr sehr ergebener Evariste Marbe
Kolonialbeamter a. D.

»Nun, Anna?«

»Nichts, Herr Doktor.«

»Als ich nach Nevers gefahren bin, haben Sie gesagt, ich würde meine Zeit vertun für nichts und wieder nichts … Doch jetzt scheinen meine Talente etwas einzubringen …«

»Wenn Sie auf Briefe von Verrückten setzen!«, unterbrach ihn Anna verächtlich. »Was soll ich Père Canut sagen?«

»Er soll sich Jodtinktur auf die Nase und Wasser in den Wein tun.«

Fast wäre er seiner alten Ferblantine, seinem Fünf-PS-Wagen, untreu geworden, aber als er feststellte, dass es keine vernünftige Zugverbindung zwischen La Rochelle und der Côte d'Azur gab, zog er es doch vor, über die Landstraßen zu tuckern.

Am nächsten Tag, einem Samstag, kam er – nachdem er vier oder fünf Stunden in Marseille geschlafen hatte – um zehn Uhr in Cannes an, fuhr dann am Meer entlang, das so ruhig und so blau war wie ein Eimer Waschwasser, und erreichte den winzigen Hafen von Golfe-Juan.

Es war November. Touristen waren keine mehr hier. Die Sonne war noch ziemlich warm.

»Bitte, wo ist das Haus von Monsieur Marbe?«

»Gleich hinter dem Restaurant Rascasse, hinten im Garten ...«

Doch noch ehe der kleine Doktor bis zum Gartentor gefahren war, kam ein merkwürdiger Mann aus dem Restaurant. Es war ein kleiner, sehr magerer Herr, der dadurch noch magerer wirkte, dass er einen zu weiten Pyjama trug. Die Jacke war nicht zugeknöpft, und man sah seine gebräunte, mit dichtem grauen Haar bedeckte Brust.

Seine nackten Füße steckten in Pantoffeln, und auf dem Kopf trug er einen schmutzigen, völlig verbeulten Tropenhelm.

»Pst! Pst!«, rief er dem Auto zu.

Und dann begann er zu laufen.

»Entschuldigen Sie, wenn ich mich irre ... Sind Sie vielleicht Doktor Jean Dollent? Mein Freund, der Staatsanwalt, hat mir erzählt, dass Sie einen lustigen kleinen Wagen haben ... Ich war gerade beim Frühstück, als ...«

»Monsieur Marbe?«, fragte der kleine Doktor, der solche Anspielungen auf Ferblantine nicht liebte.

»Ja ... Sehr erfreut, dass Sie gekommen sind ... Aber da Sie mir nicht telegraphiert haben, treffen Sie mich im Schlafanzug an ...«

Er war wahnsinnig nervös. Während er sprach, schnitt er unaufhörlich Grimassen, kniff die Augen zusammen, verzog die Lippen und konnte die Hände nicht einen Augenblick still halten.

»Gewöhnlich gehe ich nach dem Aufstehen ins Rascasse, um eine Kleinigkeit zu essen ... Titin, der Wirt, ist sozusagen ein Freund ... Was halten Sie von ein paar Anchovis und einem Glas Cassis-Wein? ... Danach gehen wir zu mir, und ich werde Ihnen alles erzählen ...«

Mein Gott, ehrlich gesagt war Jean Dollent ein wenig beunruhigt. Gewiss, er hatte entdeckt, dass er ein gewisses Gespür für Kriminalfälle besaß.

Zweimal hatte er die Lösung von Problemen gefunden, von denen die Polizei nichts verstanden hatte. Und in Nevers hatte er, bis auf einen Irrtum, einen ganz besonders komplizierten Fall allein mit seinen Mitteln rekonstruiert.

Aber diesmal hatte er Geld erhalten. Da der Scheck gerade zur rechten Zeit gekommen war, hatte er keine Lust, ihn zurückzugeben.

Doch was tun, wenn Anna recht hatte und dieser Monsieur Marbe ein Verrückter oder zumindest ein Original war?

»Titin, darf ich dir einen alten Freund vorstellen …«, er zwinkerte Dollent zu, »einen alten Freund, der ein paar Tage bei mir verbringen will … Um zu plaudern … Weil wir so gute Freunde sind …«

Wieder zwinkerte er Dollent zu, was so viel bedeutete wie:

»Wie Sie sehen, wahre ich Ihr Inkognito! Es ist nicht nötig, dass jeder weiß, weswegen Sie hier sind.«

»Anchovis, Titin … und Oliven … und eine gut gekühlte Flasche Cassis …«

Es war fast ein Verhängnis. Jedes Mal, wenn der kleine Doktor eine Untersuchung begann, war er gezwungen, aus diesem oder jenem Grund zu trinken. Und diesmal handelte es sich um einen Wein, der im Augenblick, da man ihn herunterschluckte, sehr leicht zu sein schien. Aber ein paar Minuten später spürte man, wie er einem zu Kopfe stieg.

»Kommen Sie … Meine Schwester ist bestimmt noch nicht auf, aber das macht nichts. Während wir aufs Mittagessen warten, können wir uns unterhalten. Achten Sie nicht auf meine Aufmachung. Mein Leben lang ist mir in den verschiedenen Kolonien immer so warm gewesen, dass ich mich nur im Pyjama wohlfühle.«

Das Haus passte perfekt zu dem Mann. Eine Stunde später hatte der kleine Doktor es besichtigt. Es war ein Haus, wie es viele an der Côte d'Azur gibt, wo man die unterschiedlichsten Baustile findet, sogar Häuser mit angedeuteten Minaretten und Innenhöfen mit Springbrunnen wie in Nordafrika.

Komfort gleich null!

Es gab hier zwar ein Badezimmer, aber in der Wanne lagen Hutschachteln und alle möglichen anderen Dinge, während der Boiler offensichtlich schon seit Langem nicht mehr funktionierte.

Im Esszimmer war es feucht … An einigen Stellen löste sich die Tapete. Die Möbel waren so unterschiedlich, dass man eher den Eindruck hatte, ein Auktionshaus zu betreten als eine Privatwohnung.

»Eines Tages«, sagte Marbe, »werde ich das alles ordnen … Wissen Sie, das ist ein richtiges Museum … Sachen, die ich von überall mitgebracht habe … Ich habe in Madagaskar begonnen. Sie haben sicherlich die Waffen in der Diele im ersten Stock gesehen. Die stammen von dort.

Dann war ich in Indochina … Haben Sie meine schönen ziselierten Kriss gesehen? Einige von ihnen sind äußerst selten.

Eine Weile war ich in Nordafrika, wie so viele. Dann auf den Hebriden und in Tahiti.«

Wenn man den ganzen Trödel gesehen hatte, der überall herumlag, begriff man, warum er seine Mahlzeiten lieber im Restaurant nebenan einnahm.

»Das sind alles Erinnerungen, an denen ich hänge … Nach meinem Tod wird sie das Kolonialmuseum erben.«

In einer Dachkammer hatte der kleine Doktor unter allen möglichen Dingen aus den Kolonien Spielsachen bemerkt.

»Sind Sie verheiratet gewesen?«, fragte er und zündete sich eine Zigarette an, um den muffigen Geruch des alten Krams zu vertreiben.

»Pst … In Tahiti … mit der Tochter eines Häuptlings. Sie ist gestorben. Meinen Sohn habe mitgenommen … Zurzeit ist er Schwimmlehrer in Nizza … Ich habe mit Ihnen noch nicht über den eigentlichen Grund Ihres Besuchs gesprochen. Kommen Sie mit, damit uns niemand hören kann. Selbst Héloïse traue ich nicht.«

»Héloïse?«

»Meine Schwester ... Sie lebt mit mir zusammen ... Sie ist Witwe, hat keine Kinder. Während ich in den Kolonien war, lebte sie als Frau eines Bahnhofsvorstehers in Mittelfrankreich ... Jetzt wohnt sie hier ... Sie ist *sehr* erschöpft.

Kommen Sie in mein Büro ...«

Das Büro war mit noch mehr Trödel vollgestopft als das übrige Haus.

»Stellen Sie sich vor, seit vier Jahren ...«

Vielleicht weil man ihn zum ersten Mal bezahlte, beschloss der kleine Doktor, dreist zu sein, sich wie ein echter Kriminalbeamter zu verhalten.

Mit einer Ruhe, die ihm der Wein eingab, unterbrach er Marbe:

»Gestatten Sie! Wenn Sie nichts dagegen haben, stelle ich jetzt einige Fragen ...«

Er hatte nie ein Notizbuch in seiner Tasche, wohl aber seinen Rezeptblock. Den zog er jetzt mit der Sicherheit eines im Dienst alt und grau gewordenen Polizeibeamten heraus.

»Seit wann sind Sie pensioniert?«

»Seit sechs Jahren ... Ich werde Ihnen erklären ...«

»Verzeihung. Sie können mir später alle Angaben machen ... Seit sechs Jahren sind Sie pensioniert« – er schrieb auf seinen Rezeptblock: *sechs Jahre* –, »und dann sind Sie gleich hierher?«

»Das habe ich nicht gesagt. Als ich vor sechs Jahren Tahiti verließ, wusste ich nicht, wo ich mich niederlassen sollte … Ich bin zuerst zu meiner Schwester gezogen, die in Sancerre ein winziges Haus besaß …«

»Wie lange sind Sie dort geblieben?«

»Zwei Jahre … Ich fragte mich, welches Klima mir wohl am besten bekommen würde … Ich war nicht mehr an Europa gewöhnt …«

Auf dem Rezeptblock notierte er:

Sancerre, zwei Jahre.

»Und dann?«

»Ich habe dieses Grundstück nicht zu teuer gekauft …«

»Wie viel haben Sie bezahlt?«

»Zweiundzwanzigtausend Franc … Damals waren die Grundstücke billiger … Ich hatte etwas verdient …«

»Und Sie ließen das Haus bauen?«

»Ein bescheidenes Haus, für meine Schwester und mich.«

»Hat Ihre Schwester Vermögen?«

»Sie bekommt monatlich eine Rente von tausendachthundert Franc …«

»Und Sie?«

»Dreitausendfünfhundert … Ich war hoher Verwaltungsbeamter. Jetzt komme ich zu dem, was passiert ist.«

»Tun Sie das.«

»Seit drei Monaten …«

»Und vor diesen letzten drei Monaten?«

»Nichts … Wir, meine Schwester und ich, haben hier ein angenehmes Leben geführt. Jeden Vormittag kommt eine Putzfrau … Die meisten Mahlzeiten lasse ich von Titin bringen … Ich spiele Belote mit den Einheimischen … Ich gehe spazieren …«

»Und Ihre Schwester?«

»Sie schläft … Sie näht … Sie stickt … Sie setzt sich in den Garten …«

»Schön. Also, seit drei Monaten …«

»Hört man zweimal in der Woche nachts Schritte im Haus!«

»Und Sie haben nie jemand gesehen?«

»Ich hab's versucht. Ich bin aufgestanden, bin mit einer Taschenlampe in der Hand aus dem Zimmer … Aber ich war immer zu spät. Wenn nur ich diese Schritte gehört hätte …«

»Ihre Schwester … Wie war doch ihr Vorname?«

»Héloïse … Das ist ein bisschen altmodisch, aber …«

»Hat sie sie auch gehört?«

»Genau wie ich … Vor allem auf dem Dachboden … Übrigens findet man hinterher ein großes Durcheinander vor, viele Dinge liegen an einem ganz anderen Platz.«

»Außer Ihnen und Ihrer Schwester schläft niemand im Haus?«

»Niemand!«

»Werden die Türen jeden Abend abgeschlossen?«

»Und die Jalousien heruntergelassen. Das habe ich auch meinem Freund, dem Staatsanwalt, gesagt … Hören Sie, Doktor Dollent … Ich bin kein leichtgläubiger Mann, aber allmählich bekomme ich doch Angst … Ich habe in allen Teilen der Welt gelebt. Ich kenne überall die Eingeborenen und weiß auch, was sie glauben. Ich habe mich unter anderem in Gabun um Fälle von Zauberei kümmern müssen … Das sage ich, um zu zeigen, dass ich mich nicht leicht beeindrucken lasse.

Möchten Sie nicht noch irgendetwas trinken? … Nein? … Wirklich nicht?

Also weiter … Ich lasse mich nicht leicht beeindrucken … Ich habe immer über die Engländer und ihre Gespenster gelacht …

Aber es gibt da etwas, was ich Ihnen anvertrauen muss. Schließlich habe ich Sie ja gerufen, um die Wahrheit zu entdecken.«

»Der kommt schnell zur Sache«, dachte der kleine Doktor.

»Als ich Verwalter eines Bezirks in Tahiti war, habe ich mir ein Holzhaus auf einem Grundstück bauen lassen, das die Eingeborenen für heilig hielten. Tatsächlich gab es dort auch noch den Stein, der einst für Menschenopfer benutzt wurde.

Ich machte mich über ihren Glauben ebenso

lustig wie über den Glauben der Schwarzen in Afrika, der Bewohner der Salomon-Inseln oder der Moïs.

›Du wirst sehen‹, sagten sie (denn dort unten duzt man sich), ›die Tou-Papaous werden sich rächen.‹

Tou-Papaous nennen sie ihre Dämonen, Herr Doktor.«

»Haben Sie dadurch Ärger gehabt?«, fragte der kleine Doktor gelassen.

»Dort unten, nein … Aber seit drei Monaten … Lachen Sie nicht über mich … Noch einmal, ich bin nicht leichtgläubig … Ich bin bereit, zuzugeben, dass die Ereignisse, derentwegen ich Sie gerufen habe, ganz natürliche Ursachen haben. Aber ich kann nicht umhin, an die Drohungen der Eingeborenen zu denken, wenn ich nachts die Geräusche höre … Wer sollte ein Interesse daran haben, gegen drei Uhr morgens herzukommen und durch ein Haus wie dieses zu gehen?

Es wurde nie etwas mitgenommen.«

»Es handelt sich also nicht um einen Dieb …«

»Es handelt sich auch nicht um einen Mörder, denn es wäre ein Leichtes für ihn gewesen, uns, meine Schwester und mich, zu töten.

Was will man Woche um Woche im Haus eines Pensionärs?«

»Verzeihung«, unterbrach ihn Dollent. »Sie haben die hiesige Polizei erwähnt. War jemand hier?«

»Eine Woche lang … Polizisten haben Wache gehalten …«

»Und das Ergebnis?«

»Nichts! Der nächtliche Besucher ist nicht gekommen … Sodass sie mich für verrückt gehalten haben … Ich sehe, meine Schwester ist gerade heruntergekommen und wartet auf uns … Sie weiß, warum Sie hier sind … Vermeiden Sie es nur, sie aufzuregen … Für sie sind es die Tou-Papaous, die herkommen, um mich zu quälen und …«

Eine Frau von fünfzig bis fünfundfünfzig Jahren, dick und sehr ruhig, ja noch mehr als ruhig. Die Sonne des Südens machte sie ganz schläfrig.

»Ich bin wirklich ein schlechte Hausfrau, Herr Doktor, entschuldigen Sie bitte, aber hier ist es so warm … Sie nehmen doch einen kleinen Aperitif? … Aber ja! … Die Gläser sind schon auf der Terrasse im Schatten des Feigenbaums.«

Er begriff, warum sie so schläfrig war. Sie trank den Aperitif wie jemand, der das regelmäßig tut, und als sie den anderen nachschenkte, goss sie sich auch noch einen ein.

»Doch, doch! Das hat noch niemandem geschadet. Wenn man nichts zu tun hat …«

Die Gedanken, die dem kleinen Doktor durch den Kopf gingen, regten ihn auf und ärgerten ihn, und er musste gegen seine eigene Schläfrigkeit ankämpfen, die er der südlichen Sonne verdankte.

»Ihr Sohn, Monsieur Marbe … Sehen Sie ihn oft?«

»Er kommt von Zeit zu Zeit, wenn er Geld braucht … Aber Sie dürfen sich seinetwegen keine falschen Vorstellungen machen. Die Bewohner Tahitis sind wie wir … Die Haut seiner Mutter war genauso hell wie die meiner Schwester … Und was ihn betrifft, so kann man ihn nicht von den anderen unterscheiden, die an der Côte d'Azur leben, nur ist er hübscher …«

»Während Sie bei Ihrer Schwester in Sancerre wohnten …«

»… war er in Cannes auf dem Gymnasium.«

»Noch eine Frage. Bevorzugt das Gespenst, wenn ich es so nennen darf, bestimmte Tage?«

»Nun ja … Anfangs habe ich nicht darauf geachtet … Wissen Sie, wenn man pensioniert ist, kümmert man sich nicht um Daten und Wochentage … Schließlich habe ich aber bemerkt, dass die Besuche immer am Mittwoch und am Samstag stattfanden.«

»Immer?«

»Ich glaube schon … Nicht wahr, Héloïse?«

»Ich glaube es auch … Ich frage mich, ob Gespenster sich mit Daten auskennen …«

»Was ist heute für ein Tag?«

»Samstag.«

»Wir haben also die Chance, dass es uns heute

besucht. Ich hoffe, Monsieur Marbe, Sie haben niemandem etwas von meinem Kommen gesagt.«

»Niemandem.«

»Nicht einmal Ihrem Sohn?«

»Ich habe ihn schon zehn oder zwölf Tage nicht gesehen. Sie haben gehört, was ich zu Titin gesagt habe. Ich habe Sie als alten Freund ausgegeben … Sie werden mir verzeihen … Aber es fällt schwer, nicht zu glauben, dass das Gespenst auf die eine oder andere Art unterrichtet gewesen sein muss, da es in der Woche, als die Polizei hier war, nicht gekommen ist. Hier im Süden ist die Polizei besonders geschwätzig …«

Monsieur Marbe hielt inne:

»Was halten Sie von einer guten Bouillabaisse bei Titin?«

»Da sage ich nicht Nein.«

»Sind Sie bewaffnet?«

»Um zu Titin zu gehen?«, fragte der kleine Doktor, ehrlich erstaunt.

»Nein … Für heute Nacht … Denn ich nehme an, wir werden heute Nacht Wache halten, um meinen … unseren … um das Individuum, das … zu überraschen.«

»Können Sie schwören, dass Ihnen niemals etwas gestohlen worden ist?«

»Ich schwöre es Ihnen.«

»Hätten Sie das trotz der Unordnung bemerkt?«

»Ich würde es sofort merken, wenn man mir nur einen einzigen Pfeil stiehlt. Sie sprechen von Unordnung. Das sieht nur so aus, ich weiß genau, wo sich jeder Gegenstand befindet.«

»Haben Sie jemals einen Drohbrief bekommen?«

»Niemals.«

Hatte er nicht gezögert? Der kleine Doktor hätte es nicht beschwören können.

»Also, um noch einmal zusammenzufassen, was Sie mir berichtet haben: Sie waren glücklich, Sie und Ihre Schwester Héloïse, und Sie …

Seit vier Jahren lebten Sie in diesem Haus … Sie hatten keine Feinde … Sie spielten Belote … Ihr Sohn, der in Tahiti geboren ist, gab in Nizza Schwimmunterricht.«

»Erst seit einem Jahr«, fiel Monsieur Marbe ein.

»Na schön … Und seit drei Monaten kommt irgendjemand oder ein Gespenst zweimal wöchentlich her und bringt im Laufe der Nacht alles durcheinander.«

»Stimmt genau.«

»Dieser Jemand – nehmen wir einmal an, es ist ein Jemand – hat nichts mitgenommen. Und niemals ist er auf den Gedanken gekommen, einen Anschlag auf Ihr Leben oder das Ihrer Schwester zu verüben.

Haben Sie eine Ahnung, wie er hier hereinkommt?«

»Durch die Tür.«

»Wie?«

»Ich sage ›durch die Tür‹ … Anders geht es nicht … Entweder hat er einen Schlüssel, oder er kann durch Wände gehen … Jedenfalls schlafen wir seit drei Monaten bei geschlossenem Fenster …«

Der kleine Doktor seufzte.

»Wie wäre es, wenn wir jetzt hinübergehen, für die Bouillabaisse?«

Was hatte er hier verloren? Weshalb war er hergekommen? Nur um Anna etwas zu beweisen? Und wenn sein Monsieur Marbe wirklich verrückt war?

Vielleicht hatte der Staatsanwalt aus Nevers, verärgert über sein Eingreifen, Dollents Namen nur erwähnt, damit der sich lächerlich machte?

Dennoch, es gab da einiges, was Jean Dollent in seinem Kopf ordnete, während auf der Restaurantterrasse die Bouillabaisse serviert wurde.

Monsieur Marbe war seit sechs Jahren pensioniert.

Zwei Jahre hatte er bei seiner Schwester gelebt.

Er hatte ein Grundstück gekauft und sich ein Haus bauen lassen.

»Sagen Sie«, sagte Dollent plötzlich zu Titin, der sie persönlich bediente, »was ist so ein Haus wie das von Monsieur Marbe wert?«

Und ohne Zögern antwortete Titin:

»Vierhundertfünfzig … Nicht wahr, Monsieur

Marbe? … Hätte er auf mich gehört, er hätte dreißigtausend weniger bezahlt … Doch was geschehen ist, ist geschehen … Noch ein wenig Brühe, Herr Doktor? … Noch ein Stück Drachenkopf? … Eine Kartoffel? … Aber ja … Die Kartoffel absorbiert den Safran, der den besonderen Geschmack gibt … Was darf ich danach bringen, Monsieur Marbe? Drei schöne mit Fenchel gegrillte Barsche?«

Der kleine Doktor, der den Scheck über fünftausend Franc bereits unterwegs auf der Bank eingelöst hatte, war in keiner angenehmen Lage. Und da waren noch immer diese Sonne, dieser Wein, den man ihm wieder und wieder einschenkte, diese köstliche Bouillabaisse, die einen durstig machte.

II

Im Keller wird auf Flaschen geschossen, und der junge, in Tahiti geborene Marbe legt eine unerwartete Liebe zu Kindern an den Tag

»Was halten Sie von einer kleinen Siesta, Herr Doktor? Hier im Süden ist das fast eine offizielle Einrichtung, und nach Tintins Bouillabaisse und dem guten alten Armagnac, den er uns gleich bringt, schlicht unverzichtbar. Was die kommende Nacht betrifft« – Augenzwinkern – »so werden Sie wahrscheinlich« – erneutes Augenzwinkern – »nicht die Absicht haben, viel zu schlafen … Du solltest ein Zimmer zurechtmachen, Héloïse.«

»Schon geschehen«, antwortete Héloïse, die keineswegs auf den Armagnac verzichten wollte.

Und der kleine Doktor, so schläfrig er auch war, hatte den Eindruck, dass Monsieur Marbe das ärgerte. Vielleicht hätte er gern mit ihm über seine Schwester gesprochen.

Zehn Minuten später ergriff Jean Dollent Besitz von einem Zimmer, in dem man die verschiedensten Dinge einfach in den Ecken gestapelt hatte. Vorher hatten sie gewiss auf dem Bett gelegen.

Die Jalousien, auf die die Sonne prallte, waren heruntergelassen, aber zwischen den Latten konnte der kleine Doktor seinen Gastgeber sehen, der sich anschickte, unter dem großen Feigenbaum im Garten Siesta zu halten.

Monsieur Marbe trug jetzt einen Anzug aus weißer Seide, die einreihige Jacke bis zum Hals zugeknöpft. Gewiss war es die ehemalige Uniform eines Verwaltungsbeamten in den Kolonien.

Monsieur Marbe knöpfte die Jacke auf, legte ein Taschentuch auf seinen Tropenhelm, streckte sich in dem Liegestuhl aus, während die Fliegen um seinen Kopf herumzuschwirren begannen.

Jean Dollent hatte kaum Zeit gehabt, seine Jacke und seine Schuhe auszuziehen, als es an der Tür klopfte und Héloïse hereinkam, einen Finger auf den Lippen.

»Pst … Er schläft … Ich wollte einen Augenblick allein mit Ihnen sprechen … Was halten Sie davon, Herr Doktor?«

»Was meinen Sie?«

Sie tippte sich mit dem Finger auf die Stirn, womit man in allen Ländern der Welt auf die mehr oder weniger charakteristische Verrücktheit eines Menschen anspielt.

»Glauben Sie nicht? Sie als Arzt sind …«

»Wie kommen Sie darauf?«

»Wissen Sie, wie die meisten Leute, die in den Kolonien gelebt haben, ist mein Bruder schon immer ein Original gewesen … Darum habe ich auch gezögert, mit ihm zusammenzuziehen, als er nach Frankreich zurückkam, und dabei war ich verwitwet. In den ersten zwei Jahren war er verhältnismäßig ruhig und verbrachte seine Zeit in unserem Haus in Sancerre damit, all den Plunder, den er von überall mitgebracht hat, zu ordnen und immer wieder neu zu ordnen … Ich möchte Sie fragen, ob es vernünftig ist, sich mit solchem Dreck zu belasten, von dem man nicht einmal weiß, ob nicht Leprakranke ihn berührt haben …«

Durch die Jalousie warf Dollent einen Blick auf Marbe, der zu schlafen schien.

»Plötzlich fing er davon an, dass er in den Süden ziehen, sich hier ein Haus bauen wollte … Ich wusste nicht, dass er reich war … Ich habe ihn gefragt: ›Mit welchem Geld?‹

›Kümmer dich nicht darum.‹

›Hast du Ersparnisse?‹

›Ich bin niemandem Rechenschaft schuldig …‹

Und seitdem, muss ich sagen, wird es immer schlimmer … Er tut so geheimnisvoll wie eine alte Frau … Wenn er verreist, darf ich nicht einmal wissen, wohin er fährt … Wenn er den Briefkasten öffnet, könnte man meinen, er habe Angst.

Denn er hat Angst, Herr Doktor ... Er wagt nicht, es zuzugeben ... Wissen Sie ... Er hat Ihnen erzählt, dass er, wenn er Geräusche hört, aufsteht und das Haus inspiziert.

Das stimmt nicht ... Möglich, dass er Geräusche hört, obwohl ich nie etwas gehört habe, allerdings habe ich auch einen sehr festen Schlaf.

Und genauso wenig stimmt, dass er sein Zimmer verlässt, ich bin sicher, er bleibt zitternd hinter der Tür stehen und lauscht ... Erst am nächsten Morgen, wenn es taghell ist, geht er durch das ganze Haus, um sich davon zu überzeugen, dass nichts verschwunden ist.

Aber was mich vor allem beunruhigt ... Stellen Sie sich vor, er hat seit Kurzem immer zwei oder drei geladene Revolver in seinem Zimmer ... Und wissen Sie, womit er jetzt manchmal seine Nachmittage verbringt? Er geht allein in den Keller hinunter. Mit einer kleinen Taschenlampe beleuchtet er kurz leere Flaschen, die vor der Wand aufgereiht sind, und dann schießt er.

Sind das Vergnügungen für einen Mann seines Alters? Habe ich nicht recht, wenn ich sage ...«

Sie konnte den Sinn des Lächelns, das über die Lippen des kleinen Doktors huschte, nicht verstehen. Er lächelte, weil er durch die Jalousie gesehen hatte, dass Monsieur Marbes Liegestuhl leer war. Er ahnte, dass dieser leise die Treppe heraufkam, einen Augenblick hinter der Tür lauschte und dann …

Tatsächlich öffnete sich die Tür. Die auf frischer Tat ertappte Héloïse fuhr zusammen.

»Was machst du denn hier?«

»Ich wollte nur sehen, ob dem Doktor auch nichts fehlt. Nicht wahr, Herr Doktor?«

»Du kannst gehen …«

Schade, dass der kleine Doktor von diesem südlichen Mittagessen, zu dem man reichlich getrunken hatte, so schläfrig geworden war. Sonst hätte er diese unvorhergesehenen Szenen und das kuriose Verhalten der Hausbewohner viel mehr genießen können.

»Was hat sie zu Ihnen gesagt? … Ich wollte sie damit nicht behelligen … oder vielmehr, ich habe es nur angedeutet … Seit dem Tod ihres Mannes hat meine Schwester sich das Trinken angewöhnt … Ich sage nicht, sie ist der Trunksucht verfallen … Aber Sie werden sehen, manchmal glänzen ihre Augen sehr stark, und sie spricht undeutlicher, als sie sollte …«

»Wie wäre es, wie Sie es so liebenswürdig vorgeschlagen haben, wenn wir jetzt ein wenig ruhen, Monsieur Marbe?«

»Ich gehe schon … Verzeihen Sie … Als ich gemerkt habe, dass meine Schwester nicht mehr unten war … Ich habe sehr gute Ohren, das war auch nötig bei den Eingeborenen, die nie ein Geräusch machen …«

Er ging nur ungern, und der kleine Doktor versuchte nicht einmal zu schlafen. Aus Angst, von Müdigkeit übermannt zu werden, widerstand er sogar dem Verlangen, sich aufs Bett zu legen, und blieb auf einem unbequemen Stuhl sitzen.

»Angenommen, Monsieur Marbe ist nicht verrückt und sagt die Wahrheit …«

Er ließ nicht ab von der Methode, die ihm bei den früheren Fällen so viel Erfolg beschert hatte. Er musste vor allem eine solide Basis finden, eine unbestreitbare Wahrheit.

Und diese Wahrheit lautete ungefähr so:

Ein Unbekannter suchte etwas in dem Haus in Golfe-Juan. Dieses Etwas war schwer zu finden. Drei Monate lang war er zweimal wöchentlich gekommen und hatte es noch nicht entdeckt.

Und vor diesen drei Monaten hatte der Unbekannte niemals versucht, sich des Gegenstandes zu bemächtigen.

Von drei Möglichkeiten kam eine infrage:

1. Entweder war der Gegenstand vor drei Monaten noch nicht im Haus.

2. Oder der Unbekannte wusste nicht, dass er sich dort befand.

3. Oder es war dem Unbekannten vorher nicht möglich gewesen, herzukommen und zu suchen.

Und warum kam er nur zweimal wöchentlich? Immer am Mittwoch und am Samstag?

Das Haus wurde an den anderen Tagen auch nicht besser bewacht. Die Umstände waren immer die gleichen.

Also war der Unbekannte nur mittwochs und samstags frei.

Außerdem war er auf die eine oder andere Art davon unterrichtet worden, dass die Polizei eine Woche lang in dem Haus war, denn in dieser Woche war er nicht gekommen.

War Monsieur Marbe verrückt oder nicht? Der kleine Doktor war kein Psychiater, aber er hatte sich als Assistenzarzt im Krankenhaus mit Geisteskrankheiten befasst.

Gewiss, er ist nervös. Er verhält sich wie jemand, der von einer fixen Idee verfolgt oder, genauer gesagt, von Angst gequält wird. Und das ist keine vage Angst. Es ist die Angst vor einem ganz bestimmten Ereignis.

Und das war so wahr, dass er, wollte man Héloïse glauben – und sie hatte keinen Grund zu lügen –, wenn er nachts Geräusche in seinem Haus hörte, sich nicht aus seinem Zimmer herauswagte.

Wusste er, wer so beharrlich den ganzen Trödel durchwühlte?

Und wenn er das wusste, wusste er dann auch, was derjenige suchte?

Warum machte er im Keller Schießübungen – noch dazu im Dunkeln! –, wenn er nicht vorhatte, eines Nachts zu handeln?

Und nun die wesentliche Frage: Warum hatte Monsieur Marbe, wenn er das alles wusste, sich an den kleinen Doktor gewandt, von dessen Talenten er nur hatte reden hören, und warum hatte er ihm, ehe er sicher war, dass er kommen würde, eine beträchtliche Summe geschickt?

»Heute Abend darf ich nichts trinken«, nahm sich Jean Dollent vor.

»Denn heute Abend wird etwas geschehen. Heute Abend oder nie werde ich wissen …«

Im selben Augenblick fuhr er zusammen. Er hatte geglaubt, bis zum Abend seine Ruhe zu haben. Aber es ging alles schneller, als er gedacht hatte.

Im Garten waren Stimmen zu hören, dann unter der Pergola. Es waren die Stimmen zweier Männer, die sich stritten.

Er öffnete das Fenster, hörte aber nur leises Gemurmel.

Es half nichts! Er zog seine Schuhe und seine Jacke an. Er war kein gewöhnlicher Gast und hatte das Recht, wenn nicht gar die Pflicht, indiskret zu sein.

Er ging hinunter und versuchte sich den Anschein eines Mannes zu geben, der nach dem Mittagessen ein kleines Nickerchen gehalten hat und noch ein bisschen verschlafen ist. Im Esszimmer fand er Héloïse, die dabei war, ein wenig Ordnung zu schaffen, wenn man dieses Wort hier anwenden konnte, und sie sagte vertraulich:

»Sein Sohn ist gerade gekommen.«

Der kleine Doktor zündete sich eine Zigarette an, gab sich so ungezwungen wie möglich und ging zur Pergola. Er hatte den Eindruck, dass Monsieur Marbe, der ihn als Erster sah, seinem Sohn ein Zeichen machte zu schweigen.

»Verzeihen Sie, wenn ich störe, aber …«

»Keineswegs, Herr Doktor. Darf ich Ihnen meinen Sohn Claude vorstellen? … Ich habe Ihnen schon von ihm erzählt, nicht wahr? … Sie sehen, er ist ein großer, hübscher junger Mann …«

Hm. Nicht ganz die Art Sohn, den sich der kleine Doktor gewünscht hätte … Ja, er war hochgewachsen … kräftig und geschmeidig, hatte ein etwas schwammiges Gesicht, doch das kam wahrscheinlich daher, dass er aus Tahiti stammte.

Braunes Haar. Glatte braun gebrannte Haut … Sehr große Augen … Fleischige Lippen …

Unangenehm waren zum Beispiel die etwas aufdringliche Eleganz und eine Haltung, die, bis zum Blick und zum Wiegen des Körpers, an die verdorbenen Jungen der Côte d'Azur erinnerte.

Es stimmte wohl, dass er Schwimmlehrer war. Wahrscheinlich verkehrte er aber auch in gewissen kleinen Bars und schreckte gelegentlich nicht vor dubiosen Geschäften zurück.

»Guten Tag, Monsieur«, sagte er ziemlich kühl.

»Der Doktor ist ein Freund von mir ... Ein alter Freund, der ein paar Tage bei uns verbringt ...«

Und mit einem Blick gab Monsieur Marbe Dollent zu verstehen, dass sein Sohn nicht auf dem Laufenden war.

»Waren Sie auch in den Kolonien?«, fragte Claude misstrauisch.

Aus Furcht, Dollent könnte einen Schnitzer machen, antwortete der Vater für ihn:

»Nein ... Ich kenne den Doktor aus Sancerre. Als ich erfuhr, dass er einige Tage hier in der Gegend sein würde ...«

»Sagen Sie, Doktor ...«

Claude war ordinär. Dollent mochte ihn nicht. Und noch weniger mochte er seine zugleich ironische und aggressive Art, mit den Leuten zu reden.

»Ich weiß nicht, ob Sie meinen Vater schon lange kennen, aber ich kann Ihnen sagen, er ist ein verdammter Irrer ...«

»Claude«, fiel Monsieur Marbe ein, dem sichtlich unwohl zumute war.

»Was? Ich finde, es ist nicht nötig, so geheimnisvoll zu tun. Der Grund meines Kommens ist so natürlich, dass es jeder wissen kann, und erst recht ein alter Freund, wie du sagst ...«

»Mein Sohn, Herr Doktor, ist ...«

»Lass mich aussprechen ... Und gib vor allem zu, dass ich dich nicht oft störe ... Erstens verdiene ich meinen Lebensunterhalt, was anerkennenswert ist, denn es ist nicht meine Schuld, dass ich tahitisches Blut in den Adern habe und dass die Leute in Tahiti nicht besonders gern arbeiten.«

»Claude!«

»Sie verstehen mich, Herr Doktor ... Ich kann mich gut alleine durchschlagen ... Ich komme höchstens mal von Zeit zu Zeit her, wenn's mir schlechtgeht, und bitte meinen Vater um einen Tausend-Franc-Schein oder einen Zweitausend-Franc-Schein ... Alle jungen Leute tun das, und es wäre nicht gerecht, wenn er allein etwas von seinem Vermögen hätte. Heute bin ich gekommen, weil ich ...«

»Wenn du einen Tausend-Franc-Schein willst ...«

»Du weißt genau, dass ich das nicht will ... Hören Sie, Herr Doktor. Sie werden Schiedsrichter sein ... Wenn Sie das Haus besichtigt haben, dann wissen Sie, dass es Bazar und Museum in einem ist ... Es gibt hier alles ... Scheußlichkeiten und Sachen, die gar nicht so übel sind ... Mein Vater gehört zu den Leuten, die nie etwas wegwerfen, nicht einmal einen abgetragenen Anzug, und irgendwo hat er bestimmt einen Kasten, in dem er alte Knöpfe aufbewahrt ...«

»Du übertreibst ...«

»Na gut! Trotzdem hat er da oben alle meine Spielsachen ... Ich bin ein verwöhntes Kind gewesen ... Mit jedem Schiff aus Frankreich kamen Spielsachen für mich ... Mein Vater hat sie aufgehoben ... Sie haben natürlich keinerlei Wert ... Und jetzt habe ich einen Freund, der ein Kind hat. Ihm habe ich diese alten Spielsachen versprochen und bin gekommen, um meinen Vater zu bitten ...«

Monsieur Marbe lächelte traurig.

»Verstehen Sie, Herr Doktor«, sagte er. »Er findet es ganz natürlich, herzukommen und mir die Dinge wegzunehmen, die mich an seine Kindheit, seine arme Mutter erinnern ...«

»Spiel nicht den Sentimentalen«, unterbrach ihn der junge Mann. »Du sagst also Nein?«

»Nimm alles, was du willst«, seufzte der Alte ergeben.

»Ich bin mit dem Wagen eines Freundes gekommen ... Das ist schnell aufgeladen.«

Ohne die geringsten Gewissensbisse stürzte er ins Haus, und man hörte ihn die Treppe zum ersten Stock hinaufgehen.

»Er ist ein guter Junge«, murmelte der Vater. »Aber er ist impulsiv und freigebig. Weil er einem Freund versprochen hat ...«

»Sollen wir nicht hinaufgehen und schauen ...«

»Was?«

»... was für Spielsachen er mitnimmt?«

»Wenn Sie wollen …«

Einige Augenblicke später sahen sie Claude durch den meterdicken Staub des größeren der beiden Bodenräume waten. Monsieur Marbe war wirklich ein großzügiger Vater gewesen. Zwischen den vielen Sachen aus tropischen Ländern (es gab sogar ein ausgestopftes Krokodil) sah man zwei oder drei Holzpferde in verschiedenen Größen, ein Dreirad, Zinnsoldaten.

»Nimmst du alles mit?«, fragte der Vater und sah woandershin.

In diesem Moment war der kleine Doktor beinahe gerührt.

Seltsam, er spürte, dass der junge Mann zögerte, den Blick seines Vaters suchte. Was ging zwischen den beiden vor? Und warum schaute Monsieur Marbe immer weiter in die andere Ecke des Raums?

»Alles, ja.«

»Wie du willst …«

Claude ging zum Treppenabsatz. Er raffte alles zusammen, selbst die kleinsten wertlosen Dinge, von den Hampelmännern, die man für ein paar Sou verkauft, über die Zelluloidflöte und die Trommel, deren Fell geplatzt war, bis zum Spielzeugrevolver.

Dennoch, er schien nicht zufrieden zu sein. Er kletterte über Kisten, Säcke, Schilde und Haufen von Pfeilen. Er suchte etwas, runzelte die Stirn.

Von Zeit zu Zeit warf er seinem Vater einen misstrauischen Blick zu.

»Hast du noch nicht genug?«, versuchte Monsieur Marbe zu scherzen. »Meinst du, der Sohn deines Freundes, wie du sagst, wird an alldem keine Freude haben?«

»Ich suche …«

Er zögerte. Der kleine Doktor spürte, dass nun der entscheidende Moment gekommen war.

»Was suchst du?«

»Eine Trompete aus Holz … Du erinnerst dich vielleicht nicht daran … Eine Trompete mit blauen und roten Streifen und einer rotseidenen Quaste …«

»Nein, ich erinnere mich nicht.«

»Komisch!«

»Warum?«

»Ich dachte, ich hätte sie gesehen …«

»Glaubst du, dass der Sohn deines Freundes sie haben muss?«

»Darum geht es nicht … Aber ich erinnere mich an diese Trompete, weil sie mein Lieblingsspielzeug war … Ich hätte sie gern gefunden …«

»Dann such nur.«

Der Blick, den Monsieur Marbe dem kleinen Doktor zuwarf, schien zu sagen:

»So sind die Kinder! Man hat alles für sie getan. Und eines schönen Tages kommen sie mit Forderungen, fast mit Beschimpfungen auf den Lippen! Sie nehmen alle Erinnerungsstücke mit, um sie einem Unbekannten zu geben. Auch wenn dem Vater das Herz blutet …«

Es wäre sehr bewegend gewesen, wenn der kleine Doktor nicht gespürt hätte, dass da etwas nicht stimmte. Aber was? Er hätte es nicht genau sagen können.

Es war, als vernähme man hinter den ausgesprochenen Worten andere, die einzig wichtigen. Er hatte das deutliche Gefühl, dass sich hinter dieser Komödie, oder besser Vaudeville, ein Drama abspielte, das er noch nicht entschlüsseln konnte.

»Hast du sie gefunden?«

»Nein!«

Der junge Mann warf dem Vater einen harten Blick zu.

»Willst du das Haus durchsuchen?«

Claude sagte weder Ja noch Nein. Würde er das wirklich tun? Würde er wegen einer Holztrompete, die vielleicht drei Franc oder hundert Sou wert war, all die Dinge aus den Kolonien durchwühlen, die der Verwaltungsbeamte a.D., sein Vater, in so vielen Jahren zusammengetragen hatte?

Eine fast komische Note steuerte Héloïse bei. Ganz außer Atem kam sie die Treppe hoch, und der kleine Doktor schloss aus ihrem Aussehen, dass sie reichlich getrunken hatte.

»Was macht ihr denn hier?«, fragte sie verwundert.

»Claude nimmt seine alten Spielsachen mit, um sie einem Freund zu schenken.«

»Gut, dass wir die los sind.«

»Es ist ihm sehr wichtig, nichts zu vergessen …«

»Er soll ruhig alles mitnehmen. Danach könnte man mal sauber machen … Was suchst du denn, Claude?«

»Eine Holztrompete.«

»Mit blauen und roten Streifen und einer dicken roten Quaste?«

»Ja.«

»Die liegt im Kleiderschrank deines Vaters … Ich habe sie erst neulich dort gesehen … Ich habe mich gefragt, warum er ein Ding, das vier Sou wert ist, bei seinen Kleidungsstücken und seiner Wäsche verwahrt.«

Monsieur Marbe rührte sich nicht. Er war blasser als sonst. Schweißtropfen perlten auf seiner Stirn.

Claude wandte sich ihm zu.

»Stimmt das?«

»Wenn deine Tante es sagt … Ich weiß es nicht … Möglich, dass sie zufällig dahin geraten ist … Deine Spielzeuggeschichten ärgern mich allmählich. Ich habe wirklich andere Sorgen.«

Zum ersten Mal verlor er die Fassung. Er wurde zornig, ja wütend.

»Ich verstehe nicht, warum der Augenblick, da ein Freund in meinem Haus ist, gewählt wird, um mich mit diesen alten Spielzeuggeschichten zu belästigen, und ich frage mich, ob es nicht besser wäre …«

»Wo ist der Schrank, Tante?«, fragte der junge Mann ruhig.

»In seinem Schlafzimmer …«

Ohne sich um die Verfassung seines Vaters zu kümmern, ging er in den ersten Stock hinunter. Monsieur Marbe folgte ihm, dann kam der kleine Doktor, Héloïse beendete den Zug.

»Ich habe mich immer gewundert, was diese Trompete …«, murmelte sie.

Die Tür zum Schlafzimmer stand offen. Monsieur Marbe öffnete den Schrank …

»Such … Nimm sie, wenn du sie findest …«

Und er grinste traurig wie ein in seinen teuersten Gefühlen verletzter Mann.

Claude konnte jetzt nicht mehr zurück. Er suchte unter den Kleidungsstücken und den Wäschestapeln, fuhr mit der Hand hinter einer Reihe von Schuhen und Sandalen entlang.

Dann kam der Augenblick, da die Szene ihren komischen Höhepunkt hätte erreichen können, als der junge Mann nämlich in der gespannten Atmosphäre plötzlich einen Gegenstand hochhielt, der in deutlichem Kontrast zur Umgebung stand: eine

Holztrompete, wie man sie in jedem Warenhaus bekommt, so naiv bemalt, dass der kleine Doktor fast schallend gelacht hätte.

Er riss sich zusammen, blickte zu seinem Gastgeber hin und sah, dass zwei dicke Tränen aus Monsieur Marbes Augen flossen.

»Es herrscht eine solche Unordnung im Haus ...«, stammelte dieser mit belegter Stimme und wandte den Kopf ab.

III

Der kleine Doktor erwartet nichts mehr von den nächtlichen Besuchen und sucht einen Gewerbeaufsichtsbeamten auf, um ihn um Unterstützung zu bitten

Beachten Sie nicht meine Erregung, Herr Doktor ... Wenn Sie Vater wären, würden Sie mich verstehen ... Aber sehen Sie, ich bin nicht böse auf ihn ...«

Sie standen bei der Pergola. Claude packte in aller Eile die Spielsachen in das Auto.

»Heute Abend werden wir Wache halten und ...«

»Sobald ich zurück bin«, sagte Jean Dollent.

»Wie? Sie fahren weg?«

»Ich muss kurz nach Nizza ... Machen Sie sich meinetwegen keine Sorgen ...«

»Aber wenn mein Besucher kommt und ...«

Dollent unterließ es zu sagen:

»Er wird nicht kommen!«

Denn aus Erfahrung hatte er gelernt, dass man sich nie zu sicher zeigen darf.

Claude stand vor ihnen. Der Wagen war beladen.

»Ich hoffe, Papa, du bist mir nicht böse ... Ich

hatte es versprochen ... Bitte verzeih, wenn ich dir Kummer gemacht habe. Aber du musst zugeben, dass diese Spielsachen hier nichts mehr zu suchen haben und dass sie besser dort sind, wo ein Kind damit spielen kann.«

Der Alte nickte.

»Auf bald ... Auf Wiedersehen, Herr Doktor. Amüsieren Sie sich gut bei Papa ... Auf Wiedersehen, Tante ...«

War es ihm peinlich, so stur gewesen zu sein? Er war jetzt freundlicher, als wäre er von allen Sorgen befreit.

»Also ...« Ein Lächeln. »Sprechen wir nie mehr darüber!«

Trotz allen Bemühens – Monsieur Marbes Lächeln war bitter.

»Ich fahre jetzt ... Meine Freunde erwarten mich.«

»Ich fahre auch ... Machen Sie sich meinetwegen keine Sorgen, Monsieur Marbe ...«

»Aber ...«

Zu spät. Der junge Mann hatte in seinem Auto kaum zweihundert Meter auf der Küstenstraße Richtung Juan-les-Pins zurückgelegt, da sprang der kleine Doktor in seins und ließ knatternd den Motor an.

Wenn man ihn in diesem Augenblick gefragt hätte, hinter was er her sei, hätte er wohl, ohne daran zu denken, dass er sich lächerlich machen könnte, geantwortet:

»Hinter der Trompete!«

Und vielleicht hatte sie ja eine gewisse Bedeutung, denn kurz vor Antibes drehte sich Claude um. Merkte er, dass er verfolgt wurde?

Dollent trat stärker aufs Gaspedal, aber Ferblantine bockte. Dann, anstatt weiter auf der Straße nach Nizza zu bleiben, bog Claude in die erste Straße links, dann in eine Straße rechts und nochmals in eine zweite rechts ein, fuhr ein Stück zurück und verschwand in einer Gasse, die für ein Auto kaum breit genug zu sein schien.

Als der kleine Doktor ein paar Minuten später dorthin kam, war nichts mehr zu sehen oder zu hören.

Er ließ es dabei bewenden. Trotz seiner guten Vorsätze musste er in ein Bistro gehen, um zu telefonieren. Er wusste nicht einmal, ob es in Monsieur Marbes Haus Telefon gab; doch zum Glück gab es eins.

»Hallo! Hier ist Dollent. Würden Sie so liebenswürdig sein und mir die Adresse Ihres Sohns in Nizza geben … Was sagen Sie? Aber nein … Machen Sie sich keine Sorgen … Ja, dann bin ich ganz bestimmt zurück … Wie bitte? Hôtel Albion? Vielen Dank.«

»Nein, Monsieur Claude ist noch nicht da ... Er kommt selten vor Mitternacht ... meist sogar viel später.«

»Ich danke Ihnen ...«

Die Erregung war da, diese Erregung, die der kleine Doktor inzwischen gut kannte und die ihn jedes Mal packte, wenn er bei einem Fall endlich eine Idee hatte ... eine seltsame Idee ... eine Idee, die er umso hartnäckiger verfolgte, je unwahrscheinlicher sie schien.

»Sagen Sie, Garçon ... In welchem Beruf hat man nur mittwochs- und samstagsabends frei?«

»Wie bitte?«

»Ich habe gefragt, in welchem Beruf die Leute nur ...«

»Was soll ich Ihnen darauf antworten? ... Früher standen die freien Tage fest ... Da gab es den Tag der Friseure, den der Metzger, den der ... Inzwischen ist es durch all die Arbeitsgesetze viel komplizierter. Heute gibt's meistens Schichtarbeit ... Und hier in Nizza, mit den ganzen Kasinos, kann man sich unmöglich zurechtfinden.«

Trotzdem: Eile war geboten. Er musste sofort eine Lösung finden.

»Garçon!«

»Was?«, fragte der Kellner misstrauisch.

»Wer überwacht diese Schichtarbeit, wie Sie sagen?«

»Der Beamte von der Gewerbeaufsicht natürlich …«

»Ich danke Ihnen.«

Zehn Minuten später saß er dem Beamten gegenüber, der ihm verblüfft zuhörte.

»Verstehen Sie mich recht. Die Sache ist heikel … Es handelt sich um jemanden, der in der Woche nur an zwei Abenden freihat, mittwochs und samstags … Man muss also annehmen, dass der Mann an den anderen Tagen arbeitet, wahrscheinlich bis tief in die Nacht. Ich kenne weder Ihre Bestimmungen noch die Zusammensetzung der Arbeitsgruppen, aber mir wurde gesagt, dass Sie das alles beaufsichtigen. In einer Gegend, in der es keine Fabriken gibt – wer arbeitet da nachts? Croupiers, Kasinokellner, Bäcker …«

»Im Gas- und Elektrizitätswerk gibt's einen Bereitschaftsdienst. Ganz zu schweigen vom Wasserwerk oder …«

»Zwei Abende die Woche! Das ist entscheidend … Darf ich Sie bitten, in Ihren Akten nachzusehen?«

Er war nervös wie immer in solchen Augenblicken. Dann glich er dem Teufelchen, das aus dem Kasten springt und am ganzen Leib zittert.

»Zwei Abende«, murmelte der Beamte. »Zwei Abende in der Woche. Das verstehe ich nicht. Einen, ja … Warten Sie … In manchen Firmen wird zwischen Tag- und Nachtarbeit abgewechselt. Doch dann wird eine Woche nachts, die andere tagsüber gearbeitet ... Da wäre nur ...«

»Was?«

»... das Casino de la Jetée ... Und bloß die Barmänner ... Jetzt, da Sie mich darauf gebracht haben ... Sie richten es so ein, dass jeder zwei Abende in der Woche freihat. Aber an den Tagen haben sie dann vormittags Dienst.«

»Danke ... Vielen Dank.«

Und schon war er draußen, und der Beamte fragte sich, mit was für einem Original er es da zu tun gehabt hatte.

Der kleine Doktor lief zum Casino de la Jetée. Er bezahlte den Eintritt und stürzte zur Bar im ersten Spielsaal. Trinken! Immer trinken! Er fragte sich jetzt, ob Polizeibeamte einen besonderen Fonds für Getränke hatten. Denn er stellte fest, dass die Arbeit des Ermittlers zum Trinken zwingt.

»Einen Cocktail.«

»Martini? Rose?«

»Rose, bitte.«

Dann noch ein zweiter, um das Vertrauen des Barmanns zu gewinnen.

»Sagen Sie ... Sind Sie hier sehr viele?«

»Barmänner? Ein Dutzend.«

»Ich suche einen Kollegen von Ihnen, mit dem ich verabredet bin. Ich habe seinen Namen vergessen … Ich weiß nur, dass er heute Abend freihat … Er hat mittwochs und samstags frei.«

»Ein großer Mann, der schielt?«

»Wie heißt er?«

»Patris …«

»Wo wohnt er?«

»Ich weiß es nicht. Ich frage den Chef … Sonst könnte es nur Pierrot von den Inseln sein.«

»Können Sie mir seine Adresse auch geben? … Während ich warte, gießen Sie mir noch einen ein.«

Drei Cocktails. Doch dafür hatte er zwei Adressen, von denen eine besonders kostbar zu sein schien: Pierrot von den Inseln wohnte im Hôtel Albion, in einer kleinen Straße, die zur Promenade des Anglais führte.

»Ein nicht mehr ganz junger Mann, nicht wahr?«

»Schon ziemlich alt … Pierrot muss über fünfzig sein … Aber er ist sehr viel herumgekommen … Unter anderem war er auch im Pazifik. Darum nennt man ihn Pierrot von den Inseln … Er war dann noch auf einer anderen Insel, von der er nicht so gern spricht, denn das war die Teufelsinsel in Guyana … Sie finden ihn gegen acht Uhr in dem kleinen italienischen Restaurant an der Ecke.«

Nein! Nicht einmal um dem Barmann zu danken, durfte der kleine Doktor noch einen vierten Cocktail trinken.

IV

Das Glück, das blind ist, kann manchmal auch taub sein, was nicht jedermann zuträglich ist

»Können Sie mir sagen, ob Monsieur Claude Marbe inzwischen da ist?«

Das Hôtel Albion war ein ziemlich neues, zweitklassiges Hotel, in dem Angestellte des Kasinos, Tänzer und Halbweltdamen verkehrten.

»Er ist vor einer halben Stunde zurückgekommen, hat sogar mehrere Pakete hinaufgetragen. Allerdings weiß ich nicht, ob er noch einmal ausgegangen ist ... Hallo! Zimmer 57! ... Was sagen Sie? 57 antwortet nicht? ... Danke.«

Der Portier brummelte:

»Trotzdem, ich habe nicht gesehen, wie er rausgegangen ist.«

»Welches Zimmer bewohnt Pierrot von den Inseln?«

»Zimmer 32 ... Soll ich anrufen, um zu hören, ob ...«

»Nicht nötig ... Ich bin mit ihm verabredet.«

Der kleine Doktor eilte die Treppe hinauf. Als

er sich Zimmer 32 näherte, hörte er laute Stimmen, aber es war unmöglich, einzelne Worte zu verstehen. Also klopfte er.

Die Tür wurde vorsichtig geöffnet. Ein Mann, den der kleine Doktor nicht kannte, musterte ihn und brummte:

»Was wollen Sie?«

Im selben Augenblick bemerkte Dollent eine zweite Gestalt, Claude. Der erkannte ihn und murmelte erstaunt:

»Weshalb sind Sie hergekommen?«

Uff. Das Schwerste lag hinter ihm. Er hatte es geschafft. Und da die beiden Männer hier waren, war er gewiss auf der richtigen Spur. Doch was wusste er schon? Nichts, fast nichts.

Um genau zu sein, wusste er, dass Pierrot von den Inseln seit drei Monaten in Monsieur Marbes Haus eine Trompete suchte, die er nicht gefunden hatte.

Er wusste, dass Pierrot sich vor lauter Verzweiflung an Claude Marbe gewandt und ihm gewiss eine größere Summe versprochen hatte, wenn es ihm gelang, die betreffende Trompete zu beschaffen.

Er wusste, dass die Trompete in Tahiti gewesen war.

Monsieur Marbe hatte in Tahiti gelebt.

Auch Pierrot von den Inseln hatte in Tahiti gelebt, ehe er … Ein einfaches Zimmer mit einer

Waschnische. Überall Spielsachen. Unterwegs war der Kopf von einem Pferd zerbrochen. Die Trompete lag auf dem Bett.

»Erklären Sie, warum Sie hier sind«, sagte Pierrot nicht gerade freundlich.

»Ja ... Ich bin gekommen, um Sie zu warnen ... Sie gehen heute Nacht besser nicht in Monsieur Marbes Haus ... Stimmt ja, Sie hatten wahrscheinlich sowieso nicht die Absicht, da Sie endlich im Besitz der Trompete sind ...«

Pierrot musterte ihn mit seinen kleinen Augen. Es war ein Mann, den nichts erstaunte und der sich nicht leicht beeindrucken ließ.

»Sag mal, Claude«, brummte er mürrisch, »hast du mir diesen Kerl auf den Hals gehetzt?«

»Ich schwöre dir, ich habe ihn in Antibes abgehängt ... Ich frage mich, wie er es geschafft hat ...«

»Ich werde alles erklären, meine Lieben«, prahlte der kleine Doktor. »Ihr seid wütend, wie? Die Trompete hat nicht gebracht, was ihr erwartet habt ...«

»Sie sind nicht zufällig von der Polizei?«

»Ich? ... Nie im Leben! ... Ich bin Arzt. Und im Augenblick suche ich nach dem Grund, warum Monsieur Marbe, der doch ein friedlicher, ängstlicher Mann ist, seinen nächtlichen Besucher, der ihm nichts zuleide tat und nichts stahl, erschießen wollte.«

Nun waren beide erstaunt, vor allem Claude, und er blickte den anderen fragend an.

»Sie meinen, er wollte …«, sagte Pierrot.

»Ja … Er machte Schießübungen, im Dunkeln … Doch da er trotz allem fürchtete, des Mordes beschuldigt zu werden, sorgte er dafür, dass ich anwesend war, als Schutzschild … Ich sollte schwören, dass er aus Notwehr geschossen hat …«

»Der Schweinehund!«

»Ganz Ihrer Meinung … Aber sagen Sie … Die Trompete …«

»Sie, Herr Doktor, machen mir den Eindruck, als wüssten Sie zu viel und doch nicht genug … Habe ich recht? Sehen Sie, wenn man so viel in der Welt herumgekommen ist wie ich, kennt man sich aus … Sie werden nicht eher Ruhe geben, ehe Sie alles begriffen haben … Aber ich hasse es, wenn jemand seine Nase in meine Angelegenheiten steckt … Claude weiß noch weniger als Sie. Ich hatte ihm nur zehn Tausender versprochen, wenn er mir alle Spielsachen bringt, die im Haus seines Vaters waren, einschließlich einer Holztrompete …«

Pierrot zuckte mit den Schultern.

»Jetzt ist es zu spät, aber das Schwein wird einen großen Teil davon ausspucken müssen, sonst … Einfach den ehrlichen Mann zu spielen und sich die Arbeit jener zunutze zu machen, die dafür mit jahrelanger Haft bezahlen mussten …

Wissen Sie, Herr Doktor, denn Sie scheinen Arzt zu sein, das ekelt mich an … Ja, es ekelt mich an! … Und wenn dieser Marbe hier wäre … Verzeih, Claude, aber was dein Schweinehund von Vater mir angetan hat …

Es ist wohl an der Zeit, euch reinen Wein einzuschenken … Es war in Tahiti … Ich machte dort Gelegenheitsarbeiten … Ich besaß ein Motorboot und fuhr die Touristen aufs Meer hinaus, die Haie fangen wollten.

Eines Tages steigt ein … ein Yankee in mein Boot … Unterwegs – ich weiß nicht mehr warum – öffnet er seine Brieftasche, und was sehe ich? Vier Zehntausenddollarscheine.

Sie müssen wissen, die richtig reichen Amerikaner haben Banknoten in jeder Höhe bei sich: zehntausend, fünfzigtausend, hunderttausend Dollar. Man braucht sie bloß bei der Bank anzufordern.

Meiner, der eine Weltreise machte, erklärte mir, so sei die Brieftasche weniger dick.

Kurzum …«

In dem kleinen Zimmer herrschte peinliches Schweigen, und Claude wie Dollent konnten nur schwer atmen.

»Kurz, ein Hai hat ihn verschlungen … Darum geht uns das für heute nichts mehr an … Ich habe teuer genug dafür bezahlen müssen … Fünfzehn Jahre Haft … Strafkolonie, wenn Sie das vorziehen, weil die Herren die Geschichte mit dem Hai nicht geglaubt haben.

Die Scheine allerdings …

Manchmal ging ich zu Marbe, der ein ganz netter Kerl war und ein Kind hatte … Ich war an jenem Tag dort, als ich erfuhr, dass man mir des Yankees wegen Ärger machen würde. Die Geldscheine hatte ich in der Tasche.

Gar nicht so dumm! … Ich hob eine Holztrompete vom Boden auf und steckte die fein zusammengefalteten Scheine hinein.

Bedenken Sie, bei dem heutigen Kurs wären das etwa eineinhalb Millionen Franc.

Fünfzehn Jahre Strafkolonie … Wie sich's gehört, kommt man ohne alles heraus … Ich sagte mir:

›Ich muss Marbe finden … Ich muss meine Trompete zurückbekommen.‹

Vor drei Monaten habe ich nun erfahren, dass er sich in Golfe-Juan ein Haus hat bauen lassen, das der reinste Trödelladen ist.

Ich lasse mich im Kasino anstellen. Zweimal wöchentlich …«

»Ich weiß«, unterbrach ihn der kleine Doktor, »Sie haben die Trompete nicht gefunden …«

»Da habe ich seinen Sohn beauftragt …«

»Auch das weiß ich.«

»Der Schweinehund hatte bereits …«

»Ich kann Ihnen sogar das Datum sagen! Etwa

zwei Jahre nach seiner Rückkehr nach Frankreich, als er noch mit seiner Schwester in Sancerre lebte, hat er die Scheine in der Trompete entdeckt … Was tun? … Hat er sofort erraten, dass …«

»Aber klar! Die Behörden in Tahiti haben lange genug die Scheine gesucht, und solche Scheine … Aber er wusste, dass ich in der Strafkolonie war … Das hat er sich zunutze gemacht … Er hat sich ein Haus bauen lassen … Den Rest hat er bestimmt auf die Bank gebracht. Als er dann in der Zeitung las, dass ich entlassen worden bin … Als er anfing, nachts Geräusche zu hören … Ich muss gestehen, ich bin dumm gewesen … Ich habe nicht gedacht, dass er das Versteck entdecken würde … Ich glaubte, ein Mann in seiner Stellung könne sich so ein Haus leisten.

Natürlich kann ich jetzt nicht zur Polizei gehen und sagen:

›Ich will das Geld zurückhaben, das ich dem Amerikaner gestohlen habe und das in einer Trompete versteckt ist bei …‹

Verstehen Sie?

Und er weiß es, der Kerl!

Nur, er hat Angst …«

Monsieur,

obwohl ich meine Untersuchung für beendet und den Fall, den Sie mir unterbreitet haben, für aufgeklärt halte, bitte ich Sie doch um Verzeihung, dass ich Ihnen und Ihrer liebenswürdigen Schwester nicht persönlich Lebewohl sagen kann.

Mit vorzüglicher Hochachtung

Jean Dollent

Warum sollte er noch einmal hinfahren? Um Monsieur Marbe an den Schultern zu packen und ihm ins Gesicht zu schreien:

»Sie wussten sehr wohl, wer Ihr nächtlicher Besucher war, und fürchteten keineswegs die Tou-Papaous … Aber Sie trauten sich nicht, ihm allein die Stirn zu bieten … Sie trauten sich nicht, ihn allein zu töten … Sie hatten Angst vor der Tat und der Verantwortung.

Da er von Ihrem vollkommen ahnungslosen Sohn von der Anwesenheit der Polizei erfahren hatte, haben Sie an einen Amateur gedacht.

›Ein argloser Amateur‹, hat Ihnen Ihr Freund, der Staatsanwalt aus Nevers, gewiss gesagt.

Ein Amateur, der Ihnen als Zeuge dienen wird und bestätigen kann, dass Sie aus Notwehr geschossen haben.

Sie ekeln mich an, Monsieur Marbe …

Sie haben sich auf schändliche Weise bereichert. Und dieses Geld war schmutzig. Sie täten besser …«

Acht Tage vergingen. Keine Nachricht von Marbe. Stattdessen eine Postkarte mit diesen Worten:

Alles in Ordnung. Ich werde ihn kleinkriegen.

Pierrot

Und sechs Monate später:

Wir haben uns arrangiert. Ich heirate Héloïse. Wir teilen Haus und Geld.

Pierrot

Das war das erste Abenteuer des kleinen Doktors als Privatdetektiv.

»Und der Scheck?«, fragte Anna ironisch.

Denn er hatte ihr zu verstehen gegeben, dass ein weiterer Scheck … Aber der kam nie, und er hat auch nie wieder von Marbe direkt gehört.

Daniel Kampa

Der Ermittler als Arzt, der Arzt als Ermittler

Als 2019 zur Freude vieler Fans der bislang unbekannte Simenon-Roman *Maigret im Haus der Unruhe* zum ersten Mal auf Deutsch erschien, sozusagen als »0. Fall«, wurde deutlich, dass die Geburt des weltberühmten Pariser Kommissars nicht ganz so mühelos und rasch vonstatten gegangen ist, wie vom Autor selbst oft behauptet:

Im Hafen von Delfzijl, wo sein Boot Ostrogoth überholt werden musste, sei ihm der beleibte, Pfeife rauchende Kommissar erschienen. Den ersten Fall habe er in »vier oder fünf« Tagen im Winter 1929 geschrieben. So die Legende.

Tatsächlich ist Simenon deutlich länger mit seiner Figur »schwanger gegangen«, ehe sie dann 1931 mit der Veröffentlichung von *Maigret und Pietr der Lette* »offiziell« das Licht der Welt erblickte; und Delfzijl, wo heute noch eine Maigret-Statue steht, ist wohl auch nicht der Geburtsort Maigrets.

Den Kommissar vom Quai des Orfèvres hatte Simenon schon früher entworfen, in vier Proto-Maigrets nämlich, von denen *Maigret im Haus der Unruhe* der letzte und gelungenste ist. Noch dazu hatte Maigret eine ganze Reihe von Geschwistern: Simenon versuchte sich an über fünfzehn Detektiven und Polizeiinspektoren mit Namen wie Anselme Torrès, Gérard Moniquet oder Anne-Marie Givonne. Der Schriftsteller bestritt die Vaterschaft zwar nicht, war diesen Kindern aber weit weniger zugetan als Jules Maigret, der eindeutig sein Liebling war, das begabteste seiner Kinder, das seinen Schöpfer außerdem reich und weltberühmt machte.

Was hat es nun aber mit der Figur des kleinen Doktors auf sich? »Ein Prolog zu Maigret« – so nannte der berühmte Literaturkritiker Georg Hensel die Erzählungen um den Provinzarzt Jean Dollent, und man könnte daraus den Schluss ziehen, dass es sich um Fingerübungen aus der Zeit vor Maigret handelt. Aber die insgesamt dreizehn Fälle, von denen in diesem Band die ersten vier versammelt sind, schrieb Simenon erst 1938, sieben Jahre nach der Veröffentlichung von *Maigret und Pietr der Lette.*

Aber warum konfrontierte Simenon Maigret mit einem Konkurrenten? Tatsächlich war der kleine Doktor keine Konkurrenz, denn Simenon hatte seinen Kommissar 1933 kurzerhand in Rente geschickt. Der Aufschrei beim Publikum war nicht weniger laut als 1893, dem Jahr, in dem Arthur Conan Doyle Sherlock Holmes hatte sterben lassen. (Allerdings ist nicht bekannt, ob in Paris wie damals in London verstörte Leserinnen und Leser Trauerschleifen trugen). Für Simenon waren die Maigret-Romane, die er als »Halbliteratur« abtat, Mittel zum Zweck, eine Etappe auf seinem Weg hin zur »wahren Literatur«. Sie gingen ihm rasch und leicht von der Hand, der »Spielführer« Maigret verlieh ihnen automatisch eine Struktur, und der kommerzielle Erfolg der Reihe hielt ihm den Rücken frei, sodass er sich auch seinen aufwendigeren »literarischen« Romanen widmen konnte.

Nach achtzehn Maigret-Romanen, die nicht nur in Frankreich immens erfolgreich waren, schockierte Simenon 1933 seinen Verleger Fayard mit der Ankündigung, die Reihe einzustellen. Dass Simenon »die Gans umbringen wollte, die goldene Eier legte«, wollte der Verleger mit allen Mitteln verhindern. Der Autor ließ sich schließlich dazu überreden, noch einen weiteren Maigret-Roman zu schreiben, der im französischen Original schlicht *Maigret* heißt (auf Deutsch:

Maigret und sein Neffe). Passenderweise ist Maigret hier bereits in Rente und verlässt sein Häuschen in Meung-sur-Loire nur, um seinen Neffen Philippe, der am Quai des Orfèvres arbeitet, aus einer mehr als misslichen Lage zu befreien. Danach brach Simenon nicht nur mit Maigret, sondern auch mit Fayard und wechselte zum renommierten Verlagshaus Gallimard, damals wie heute die erste literarische Adresse in Paris.

In den ersten Jahren verlegte Gallimard jährlich durchschnittlich vier Romane von Simenon, die der Autor »romans durs« (»harte Romane«) nannte und die im deutschsprachigen Raum als »Non-Maigrets« bezeichnet werden. Sie begründeten Simenons literarischen Ruf; die Kritik musste zugeben, dass sie den Vielschreiber Simenon unterschätzt hatte. André Gide, der berühmte Autor und Berater bei Gallimard, wurde ab 1936 zum großen Förderer Simenons. Der Einzug ins Pantheon der französischen Literatur blieb dem ehemaligen Verfasser von Groschenromanen (zu Lebzeiten) dennoch verwehrt. Die Eintrittskarte dafür waren und sind renommierte Literaturpreise, und obwohl Simenon 1937 für seinen ungewöhnlich umfangreichen Roman *Das Testament Donadieu* als Favorit für den berühmten Prix Goncourt gehandelt wurde, bekam er ihn zu seiner großen Enttäuschung nicht – wie auch sonst keinen anderen französischen Literaturpreis. Was Simenon ebenfalls bekümmert haben wird: Die Non-Maigrets verkauften sich deutlich schlechter als die Maigrets. Der Schriftsteller und seine erste Frau Régine »Tigy« Renchon hatten sich jedoch an einen luxuriösen Lebensstil gewöhnt, der Unsummen verschlang.

So ließ sich Simenon schon 1936 breitschlagen, zwar keinen Maigret-Roman, aber doch eine Maigret-Erzählung für die Zeitung *Paris-Soir Dimanche* zu schreiben – das dafür gebotene Honorar war einfach zu verlockend. Weitere Maigret-Erzählungen folgten, aber auch Kriminalgeschichten um eine Detektei namens Agence O, die von einem guten alten Bekannten aller Maigret-Leser geleitet wird, von Maigrets Assistenten Torrence (die ersten Fälle erscheinen im Herbst 2020 zum ersten Mal auf Deutsch), und eben die Erzählungen um den kleinen Doktor, die Simenon 1938 schrieb.

So blieb Simenon seinem Gelübde treu, keine weiteren Maigret-Romane zu schreiben, und kam trotzdem wieder zu Geld. 1939 mit Ausbruch des Zweiten Weltkrieges verschlechterte sich Simenons finanzielle Situation erneut. Just zu dem Zeitpunkt, als der Autor zum ersten Mal Vater wurde, erlebte Maigret sein endgültiges Comeback. Im Dezember 1940 schrieb Simenon den Roman *Maigret verliert eine Verehrerin*, der nach einem Vorabdruck 1941 in *Paris-Soir* 1942 bei Gallimard erschien, fünf weitere Maigret-Romane folgten bis Kriegsende: Die Maigret-Maschinerie lief wieder auf Hochtouren.

Aber Maigret war nicht bloß die »Gans mit den goldenen Eiern«, die ihren Schöpfer in schwierigen Zeiten ernährte. Simenon war bewusst geworden, dass die Arbeit an den »literarischen« Romanen derart an seine Kräften zehrte, dass ein Maigret-Roman willkommene Abwechslung und Erholung bedeutete. Und so behielt er bis zum Ende seiner schriftstellerischen Karriere das System bei, zwischen zwei Non-Maigrets einen oder zwei Maigrets zu schreiben, als »Übung, zum Vergnügen, zur Entspannung«, so wie ein Konzertpianist zwischendurch eine Etüde spielt, um die Handgelenke zu lockern.

In *Simenon auf der Couch*, dem wohl berühmtesten und umfangreichsten Interview, das der Autor je gegeben hat, stand er 1968 für das Fachblatt *Médecine et Hygiène* fünf Ärzten

Rede und Antwort. Er erzählt, wie er sich als Jugendlicher die Frage stellte: »Warum gibt es keinen Arzt, der sich zugleich um Körper und Geist kümmert, anders gesagt, einen Arzt, der die Person, ihr Alter, ihre Physis, ihre Möglichkeiten kennt, der ihr sagen kann, welchen Weg sie einschlagen soll?« Um dann zu erklären, dass er die Figur Maigrets »aus diesem Geist heraus geschaffen« hat. »Denn genau das ist es, was Maigret tut«, so Simenon, »und deshalb war es auch notwendig, dass er zwei oder drei Jahre Medizin studiert hatte, denn er musste medizinisches Wissen besitzen. Maigret ist für mich ein Flicker von Schicksalen, wie die Leute, die ins Viertel kommen, um Stühle oder Geschirr zu reparieren. Ebendas ging mir mit vierzehn Jahren durch den Kopf. Ich war der Ansicht, dass der Beruf des Arztes, so wie er damals praktiziert wurde, unvollständig sei, dass der Arzt nicht all das tat, was er hätte tun müssen. Er hätte ein Ausbesserer von Schicksalen sein müssen. Für mich war er wichtiger als der Beichtvater, weil der Beichtvater wegen der Dogmen statt heilbringend eher gefährlich war. Wer die Menschen nach einem Dogma beurteilt, kann ihnen nicht wirklich helfen.«

Das Medizinstudium in Nantes, erfahren wir in *Maigrets erste Untersuchung*, muss Maigret aus finanziellen Gründen nach dem Tod seines Vaters abbrechen. Eher durch Zufall landet er bei der Polizei. Aber auch dort kann er seinen eigentlichen Berufswunsch manchmal verwirklichen: In *Maigret beim Minister* heißt es: »Maigret kam sich wahrlich wie ein Arzt vor, den man in höchster Not gerufen und in dessen Hände der Patient sein Schicksal gelegt hat.« Kein Zufall ist es, dass Maigrets einziger Freund ein Arzt ist, der ruhige, gewissenhafte Doktor Pardon, den Maigret und seine Frau regelmäßig zum Abendessen treffen, mal zu Hause am

Boulevard Richard-Lenoir, mal in der Wohnung von Doktor Pardon, die in Gehdistanz liegt.

Simenon hat sich zeitlebens für medizinische Fragen interessiert. Vielleicht hat es ihn deshalb gereizt, in der Zeit ohne Maigret einen Ermittler zu erfinden, der im Hauptberuf Arzt ist. Jean Dollent wird in der Titelgeschichte so vorgestellt: »Der Arzt war dreißig Jahre alt. Er praktizierte erst seit zwei Jahren in der Gegend, und weil er so klein, freundlich und ein bisschen naiv war, vielleicht aber auch seines winzigen Autos wegen, das den ganzen Tag durch die Straßen ratterte, nannte man ihn liebevoll den kleinen Doktor.« Seine Praxis hat der Doktor im Provinznest Marsilly bei La Rochelle, weit weg von Paris, weit weg vom Quai des Orfèvres. Und um die Leser nicht an den schmerzlich vermissten Maigret zu erinnern, zeichnete Simenon den kleinen Doktor wohl bewusst als Antipoden: jung und schlank, ständig mit seinem klapprigen Auto unterwegs (Maigret wird nie den Führerschein machen), unverheiratet, aber immer wieder frisch verliebt. Als Volte kommt hinzu, dass der kleine Doktor ganz anders als Maigret keinen Alkohol verträgt, nicht die allerbeste Voraussetzung für seine Nebentätigkeit als Privatdetektiv, denn Trinken gehört sozusagen zum Handwerk. »War es seine Schuld, dass man bei einer Untersuchung unaufhörlich trinken musste?«, fragt sich Dollent in *Das Mädchen in Hellblau*.

Zu seinem ersten Fall kommt der kleine Doktor zufällig, als er zu einem Hausbesuch gerufen wird und keinen Patienten vorfindet. Dafür fallen ihm in dem verlassenen Haus einige Ungereimtheiten auf: Warum schmeckt der Wermut so komisch, wurde etwas beigemischt? Warum klebt feuchte Erde an den Sandalen des Hausbesitzers? Im Garten fällt dem Doktor eine frisch umgegrabene Stelle auf, und dort findet er – natürlich – eine Leiche. »Der kleine Doktor ahnte nicht, dass er einen besonders bedeutsamen Augenblick erlebte, noch dass das, was ihm durch den Kopf ging, ernste Folgen haben würde, und erst recht nicht, dass diese Ereignisse eine neue Leidenschaft in ihm wecken würden und er eines Tages auf einem ganz anderen Gebiet als dem der Medizin berühmt werden sollte«, heißt es im ersten Fall. In der Folge wird er seinen Arztkoffer immer öfter in der Praxis stehen lassen, um weitere Verbrechen aufzuklären. Der zweite Fall *Das Mädchen in Hellblau* beginnt mit den Sätzen: »Später sollte der kleine Doktor mit der Leidenschaft eines Sammlers jede Gelegenheit nutzen, Rätsel zu lösen oder, besser gesagt, die merkwürdige Fähigkeit anzuwenden, die er an sich entdeckt hatte: die reine menschliche Wahrheit aus den scheinbar kompliziertesten Geschichten herauszuschälen.«

Der kleine Doktor ist von Simenon viel heiterer, spielerischer angelegt als Maigret. Dieser literarische Seitensprung scheint Simenon besonders leicht von der Hand gegangen zu sein. Das Setting hatte er unmittelbar vor Augen: Schon 1932 hatte er bei La Rochelle, genauer in Marsilly (dem Wohnort von Jean Dollent), das Landgut La Richardière gepachtet. 1938, des mondänen Lebens in der Hauptstadt überdrüssig, gab er seine Wohnung in Paris endgültig auf und zog nach Nieul-sur-Mer, keine zehn Kilometer von Marsilly entfernt, wo er sein erstes Haus kaufte. Auch die Inspiration für seinen Helden fand Simenon gleich vor seiner Nase: Der kleine Doktor soll Simenons Hausarzt in La Richardière, Doktor Édouard de Béchevel, nachempfunden sein.

Obschon grundverschieden in Statur und Wesensart – eines haben der kleine Doktor und der Pariser Kommissar doch gemein: die empathische Ermittlungsmethode. Sie versetzen sich an die Stelle des Täters, an die des Opfers, in dem Bemühen, die Umstände zu begreifen, die dem Verbrechen vorausgehen. Wie Maigret geht es dem kleinen Doktor nicht darum, den Täter hinter Schloss und Riegel zu bringen, sondern das menschliche Rätsel hinter dem Verbrechen zu entdecken. »Verstehen, und nicht urteilen« – die Devise Maigrets ist auch die des kleinen Doktors.

Ein Bruder im Geiste und doch ganz anders als Maigret ist der kleine Doktor also. Der bereits zitierte Georg Hensel formuliert es so: »In den Geschichten vom kleinen Doktor träumt Simenon der Vergangenheit seines Kommissars nach: jenem Augenblick, da wie ein Schmetterling aus der Larve plötzlich dem Arzt ein Kriminalist entschlüpft, mit der merkwürdigen Fähigkeit, ›die einfache menschliche Wahrheit‹ herauszuschälen. Es ist die besondere Fähigkeit Maigrets.«

In den letzten acht Jahren konnte man im deutschsprachigen Raum die Ermittlungen des kleinen Doktors nur auf dem Bildschirm verfolgen. 1974 verfilmte das ZDF die dreizehn Erzählungen in zwei Staffeln, 2012 als DVD unter der altmodischen Reihenbezeichnung »Straßenfeger« veröffentlicht. Dieses eine Mal waren die Deutschen den Franzosen in Sachen Simenon voraus: Die französische TV-Verfilmung entstand erst 1986; Regie führte unter anderem Simenons ältester Sohn Marc. In Buchform fehlten die Erzählungen, die zuerst als Auswahl 1971 bei Diogenes und dann in einer erweiterten Ausgabe 1977 bei Kiepenheuer und Witsch erschienen, seit über zwanzig Jahren.

Nun ist der kleine Doktor wieder da – vorerst mit vier Fällen, die restlichen neun folgen in den kommenden Jahren. Und, so viel sei schon verraten, der kleine Doktor schafft es sogar bis nach Paris und an den Quai des Orfèvres, wo er sich bei einem Verhör, ganz à la Maigret, Sandwiches bringen lässt. Dabei unterstützt ihn Maigrets treuer Mitarbeiter, Inspektor Lucas. Maigret selbst taucht allerdings nicht auf. So weit wollte Simenon doch nicht gehen. Und das ist auch gut so: Denn gegen den bedächtigen, umsichtigen und auch in körperlicher Hinsicht imposanten Pariser Kommissar hätte der kleine Doktor, so liebenswürdig und amüsant er sein mag, wohl nicht bestehen können.

DER GANZE SIMENON

Die erste deutschsprachige Gesamtausgabe

DER GANZE MAIGRET

Alle 75 Maigret-Romane und 28 Maigret-Erzählungen. In neuen oder grundlegend revidierten Übersetzungen. Ausgewählte Romane mit Nachworten von Andrea Camilleri, Tim Parks, Karl-Heinz Ott, Rüdiger Safranski, Jean-Luc Bannalec und vielen anderen.

DIE GROSSEN ROMANE

Alle 117 großen Romane, einige seit Jahrzehnten endlich wieder lieferbar. Teilweise in neuen oder vollständig revidierten Übersetzungen. Mit Nachworten von Friedrich Ani, John Banville, Julian Barnes, William Boyd, Axel Hacke, Daniel Kehlmann, Martin Mosebach, Joyce Carol Oates, Hans-Ulrich Treichel und vielen anderen. Eine Kooperation der Verlage Kampa und Hoffmann und Campe.

AUSSERDEM

Zum ersten Mal alle Erzählungen, viele davon als deutsche Erstveröffentlichungen, literaturkritische Essays, Reportagen, autobiographische Schriften, Briefe und Gespräche.

»Manche fragen mich:
Was soll ich von Simenon lesen? –
Ich antworte: Alles!«
André Gide

DIE MAIGRET-ROMANE

Maigret und Pietr der Lette
Der 1. Fall
Deutsch von Susanne Röckel
Neuübersetzung
Mit einem Nachwort von
Tobias Gohlis

Maigret und der Gehängte von Saint-Pholien
Der 3. Fall
Deutsch von Gerhard Meier
Neuübersetzung

Maigret und der Treidler der Providence
Der 4. Fall
Deutsch von Rainer Moritz
Neuübersetzung
Mit einem Nachwort von
Rüdiger Safranski

Maigret und der gelbe Hund
Der 6. Fall
Deutsch von Elisabeth Edl
und Wolfgang Matz
Neuübersetzung
Mit einem Nachwort von
Marcel Aymé

Maigrets Nacht an der Kreuzung
Der 7. Fall
Deutsch von Hansjürgen Wille,
Barbara Klau und Bärbel Brands
Grundlegend überarbeitete
Übersetzung

Maigret und das Verbrechen in Holland
Der 8. Fall
Deutsch von Hansjürgen Wille,
Barbara Klau und Julia Becker
Grundlegend überarbeitete
Übersetzung
Mit einem Nachwort von
Tim Parks

Maigret beim Treffen der Neufundlandfahrer
Der 9. Fall
Deutsch von Hansjürgen Wille,
Barbara Klau und Mirjam
Madlung. Grundlegend
überarbeitete Übersetzung

Maigret und die kleine Landkneipe
Der 11. Fall
Deutsch von Rainer Moritz
Neuübersetzung
Mit einem Nachwort von
Michael Dibdin

Maigret bei den Flamen
Der 14. Fall
Deutsch von Hansjürgen Wille,
Barbara Klau und Bärbel Brands
Grundlegend überarbeitete
Übersetzung

Maigret in der Liberty Bar
Der 17. Fall
Deutsch von Hansjürgen Wille,
Barbara Klau und Mirjam
Madlung. Grundlegend
überarbeitete Übersetzung

Maigret und die Keller des Majestic
Der 20. Fall
Deutsch von Hansjürgen Wille,
Barbara Klau und Cornelia
Künne. Grundlegend
überarbeitete Übersetzung

Maigret im Haus des Richters
Der 21. Fall
Deutsch von Thomas Bodmer
Neuübersetzung

Maigret und das Dienstmädchen
Der 25. Fall
Deutsch von Hansjürgen Wille, Barbara Klau und Bärbel Brands. Grundlegend überarbeitete Übersetzung

Maigret und sein Toter
Der 29. Fall
Deutsch von Hansjürgen Wille, Barbara Klau und Sophia Marzolff. Grundlegend überarbeitete Übersetzung
Mit einem Nachwort von Gert Heidenreich

Maigrets erste Untersuchung
Der 30. Fall
Deutsch von Hansjürgen Wille, Barbara Klau und Annette Walter
Grundlegend überarbeitete Übersetzung
Mit einem Nachwort von Hanjo Kesting

Mein Freund Maigret
Der 31. Fall
Deutsch von Hansjürgen Wille, Barbara Klau und Bärbel Brands
Grundlegend überarbeitete Übersetzung

Maigret und die alte Dame
Der 33. Fall
Deutsch von Hansjürgen Wille, Barbara Klau und Mirjam Madlung. Grundlegend überarbeitete Übersetzung

Madame Maigrets Freundin
Der 34. Fall
Deutsch von Hansjürgen Wille, Barbara Klau und Bärbel Brands
Grundlegend überarbeitete Übersetzung

Maigrets Memoiren
Der 35. Fall
Deutsch von Hansjürgen Wille, Barbara Klau und Bärbel Brands
Grundlegend überarbeitete Übersetzung

Maigret und die Tänzerin
Der 36. Fall
Deutsch von Hansjürgen Wille, Barbara Klau und Cornelia Künne. Grundlegend überarbeitete Übersetzung

Maigret als möblierter Herr
Der 37. Fall
Deutsch von Jean Raimond und Julia Becker. Grundlegend überarbeitete Übersetzung

Maigret hat Angst
Der 42. Fall
Deutsch von Hansjürgen Wille, Barbara Klau und Bärbel Brands
Grundlegend überarbeitete Übersetzung
Mit einem Nachwort von Robert Schindel

Maigret in der Schule
Der 44. Fall
Roman
Deutsch von Elisabeth Edl und Wolfgang Matz
Neuübersetzung
Mit einem Nachwort von Wolfgang Matz

Maigret und die junge Tote
Der 45. Fall
Deutsch von Rainer Moritz
Neuübersetzung

Maigret stellt eine Falle
Der 48. Fall
Deutsch von Hansjürgen Wille, Barbara Klau und Meike Stegkemper. Grundlegend überarbeitete Übersetzung

Maigret amüsiert sich
Der 50. Fall
Deutsch von Hansjürgen Wille, Barbara Klau und Oliver Ilan Schulz. Grundlegend überarbeitete Übersetzung
Mit einem Nachwort von Jean-Luc Bannalec

Maigret und die alten Leute
Der 56. Fall
Deutsch von Hansjürgen Wille, Barbara Klau und Regina Roßbach. Grundlegend überarbeitete Übersetzung

Maigret und der faule Dieb
Maigrets 57. Fall
Deutsch von Hansjürgen Wille, Barbara Klau und Regina Roßbach. Grundlegend überarbeitete Übersetzung

Maigret und die braven Leute
Der 58. Fall
Deutsch von Hansjürgen Wille, Barbara Klau und Mirjam Madlung. Grundlegend überarbeitete Übersetzung

Maigret und der Clochard
Der 60. Fall
Deutsch von Hansjürgen Wille, Barbara Klau und Mirjam Madlung. Grundlegend überarbeitete Übersetzung

Maigret in Künstlerkreisen
Der 66. Fall
Deutsch von Hansjürgen Wille, Barbara Klau und Julia Becker
Grundlegend überarbeitete Übersetzung

Maigret in Kur
Der 67. Fall
Deutsch von Hansjürgen Wille, Barbara Klau und Bärbel Brands
Grundlegend überarbeitete Übersetzung

Maigret zögert
Der 68. Fall
Deutsch von Hansjürgen Wille, Barbara Klau und Astrid Roth
Grundlegend überarbeitete Übersetzung

Maigrets Jugendfreund
Der 69. Fall
Deutsch von Hansjürgen Wille, Barbara Klau und Cornelia Künne. Grundlegend überarbeitete Übersetzung

Maigret und der Messerstecher
Der 70. Fall
Deutsch von Hansjürgen Wille, Barbara Klau und Cornelia Künne. Grundlegend überarbeitete Übersetzung

Maigret und der Weinhändler
Der 71. Fall
Deutsch von Hansjürgen Wille, Barbara Klau und Mirjam Madlung. Grundlegend überarbeitete Übersetzung

Maigret und Stan der Killer
Der 92. Fall
Deutsch von Hansjürgen Wille, Barbara Klau und Sina de Malafosse. Grundlegend überarbeitete Übersetzung
Mit einem Nachwort von Michael Rohrwasser

Madame Maigrets Liebhaber
Der 94. Fall
Deutsch von Hansjürgen Wille, Barbara Klau und Bärbel Brands
Grundlegend überarbeitete Übersetzung
Mit einem Nachwort von Daniel Kampa

Maigret und die Aussage des Ministranten
Der 99. Fall
Deutsch von Hansjürgen Wille, Barbara Klau und Bärbel Brands
Grundlegend überarbeitete Übersetzung
Mit einem Nachwort von Manfred Papst

Maigret und Inspektor Griesgram
Der 101. Fall
Deutsch von Hansjürgen Wille, Barbara Klau und Bärbel Brands
Grundlegend überarbeitete Übersetzung
Mit einem Nachwort von Jean Améry

Weihnachten bei den Maigrets
Der 103. Fall
Deutsch von Hansjürgen Wille, Barbara Klau und Bahar Avcilar
Grundlegend überarbeitete Übersetzung
Mit einem Nachwort von Dror Mishani

Weitere Bände in Vorbereitung